akzent

D1983871

Warum entwickeln sich gerade auf Inseln so oft von ihren Vorfahren deutlich verschiedene Tierformen? Was ist auf den Inseln anders als auf dem Festland? Sicher war es wesentlich, daß die Besiedler abgelegener ozeanischer Inseln in ihrer neuen Heimat keine Konkurrenten mehr vorfanden. Beispielsweise leben auf den Galápagosinseln außer den Darwinfinken nur noch 13 andere Landvogelarten. Und auf den Hawaii-Inseln finden wir neben den Kleidervögeln nur sieben weitere Singvögel. Weil es auf den Galápagos keine insektenfressenden Vögel gab, besetzten die Finken deren freie »ökologische Nische«. Da auf den Hawaii-Inseln kein Vogel Früchte und Samen verzehrte, entwickelten sich unter den ursprünglich nektarsaugenden Kleidervögeln Arten mit kräftigen Schnäbeln zum Samenknacken. Wenn das Fehlen von Konkurrenten derartige drastische Entwicklungen auslöst, so heißt das nichts anderes, als daß unter den gewöhnlichen Bedingungen auf dem Festland mögliche Entwicklungen durch Konkurrenten unterbunden sind …

Erich Lange

Inseltiere

Zeichnungen von Matthias Kleinwächter

Urania-Verlag Leipzig · Jena · Berlin

Autor: Dipl.-Biologe Erich Lange, Bützow

Auf dem Umschlag: Echse von Galápagos

Lange, Erich:
Inseltiere / Erich Lange. Zeichn. von Matthias
Kleinwächter. – 1. Aufl. – Leipzig ; Jena ;
Berlin : Urania-Verlag, 1989. – 128 S. : 42 Ill.
(Akzent; 84)
NE: GT ISBN 3-332-00268-6

ISBN 3-332-00268-6
ISSN 0232-7724

1. Auflage 1989

VLN 212-475/60/89 LSV 137 9
Einbandreihenentwurf: Helmut Selle
Typografie: Marion Krahmer
Gesamtherstellung: Druckerei Neues Deutschland
Best.-Nr.: 654 312 3
00450

Inhalt

Vom Zauber ferner Inseln

Inseln haben seit jeher unsere Phantasie gefesselt – sowohl aus emotionalen als aus rationalen Gründen. Auf Inseln, oft fern und unerreichbar, ist manches anders als auf dem Festland. Daher können wir uns das dortige Leben leicht so ausmalen, wie wir es gern hätten. Idealisierende Reiseberichte – vor allem aus der Südsee – trugen ebenfalls dazu bei, Inseln als Orte zu betrachten, zu denen die Übel der Welt, mit denen wir uns herumplagen, noch nicht gelangen konnten und wo die Menschen bis in die jüngste Vergangenheit ein paradiesisches Leben führten.

Unser mehr rationales Interesse an Inseln beruht vor allem darauf, daß sie ein ideales Feld für Gedankenexperimente sind. Mehr als einmal wurde versucht vorauszusagen, was wohl passierte, wenn man eine größere oder kleinere Gruppe von Menschen aus ihren bisherigen sozialen Beziehungen herausrisse und auf einer einsamen, unbewohnten Insel ansiedelte. Jedoch, so anregend solche Überlegungen auch sein mögen, gewöhnlich kommt nicht mehr dabei heraus als ein Abbild der Weltanschauung des jeweiligen Autors, die er sich durch seine Erfahrungen mit der realen Welt auf dem Festland formte. Bisher wurden durch derartige Gedankenspielereien soziale Probleme höchstens mehr oder weniger gelungen illustriert, aber nie besser verstanden.

Hingegen hat die Natur, indem sie Tiere auf Inseln gelangen ließ, die dort miteinander leben mußten und sich den neuen Bedingungen anpaßten, ein tatsächliches Experiment ausgeführt, aus dem wir Wesentliches darüber erfahren, wie die heutige Tierwelt einmal entstand und wie sich das Zusammenleben verschiedener Arten gestaltet. Hierüber wird dieses Büchlein berichten. Weiterhin wollen wir uns fragen, ob Inseln, wenn auch nicht für den Menschen, so doch vielleicht für ihre tierischen Bewohner, Paradiese sein könnten, in denen sie ein sorgloseres Leben führen als an anderen Orten.

Was Darwin auf den Galápagosinseln sah

Weit draußen im Stillen Ozean, etwa 900 km von der südamerikanischen Küste entfernt, liegen beiderseits des Äquators die Galápagosinseln. Vor über 3 Millionen Jahren begann hier der Meeresboden Lava und Asche auszuwerfen. Bald erhoben sich die glutspeienden Vulkane über den Meeresspiegel und bildeten Inseln. Auch heute noch werden einige ihrer Krater von Zeit zu Zeit aktiv.

Der Archipel besteht aus 13 größeren und mehreren kleinen, meist bergigen Inseln, die weit über 1 000 m hoch aus dem Pazifik ragen und zum Teil in Sichtweite voneinander liegen. Sie machen einen düsteren, trostlosen Eindruck. Bis zu einer Höhe von 300 m ist die ausgedörrte Landschaft kahl und nur mit einigen wenigen Kakteen und oft blattlosen Dornsträuchern bewachsen. Weiter oben hängen meist dichte Wolken, die genügend Feuchtigkeit für einen immergrünen Regenwald abgeben, in dem aber – im Gegensatz zu den Verhältnissen auf vielen anderen tropischen Inseln – Palmen und Baumfarne fehlen.

Mitte September 1835 erreichte die britische Brigg »Beagle« während einer Vermessungsfahrt rund um die Erde die Galápagosinseln. Dieses Ereignis hatte weitreichende Folgen für die biologische Wissenschaft; denn auf der »Beagle« befand sich auch ein junger begabter Naturforscher. Sein Name war Charles Darwin.

Seine Eindrücke nach der Landung auf der Insel Chatham beschrieb Darwin folgendermaßen: »Der erste Anblick ist wenig einladend; ein zerklüftetes Feld von schwarzer, basaltischer Lava, in wilden Schollen aufgetürmt und von Spalten durchsetzt, ist überall von niedri-

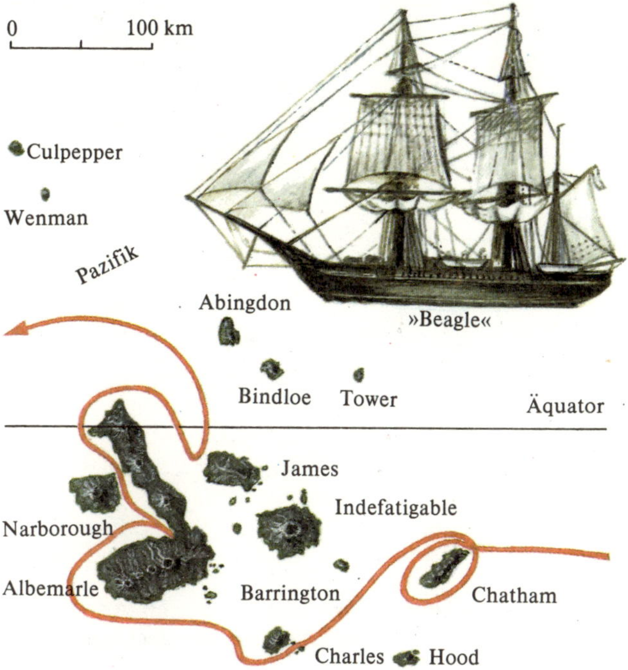

Galápagosinseln mit Reiseroute der »Beagle«

gen Sträuchern bedeckt, die wenig Lebensspuren erkennen lassen. Wenn die trockene und ausgedörrte Oberfläche von der Mittagssonne durchglüht ist, erzeugt die darüberstehende Luft ein drückendes schwüles Gefühl wie in einem Backofen, und selbst die Sträucher schienen uns unangenehm zu riechen. Trotz allem Bemühen konnte ich nur 10 verschiedene Pflanzenarten sammeln, und diese sahen sämtlich so armselig aus, daß sie mehr zur Flora des Polarkreises als der Tropen zu passen schienen.«

Ungeachtet dieser unfreundlichen, streckenweise fast leblosen Landschaft beschäftigte sich Darwin während seines etwa fünfwöchigen Aufenthalts intensiv mit den

Meerechse (Amblorhynchus cristatus)

Pflanzen und Tieren dieser Inseln. Die an Arten recht spärliche Tierwelt war weit bizarrer als alles, was er bis dahin gesehen hatte.

Bizarr wirkten die etwa meterlangen schwärzlichen Meerechsen *(Amblorhynchus cristatus)*, die – auch heute noch – in großen Scharen die Küstenfelsen der Galápagosinseln bevölkern. Darwin fand diese kurzschnauzigen, mit einem stacheligen Rückenkamm versehenen, nach seinem Empfinden »häßlichen« Tiere nie mehr als 10 m vom Meeresufer entfernt. Ihre Nahrung besteht aus Algen, die sie sich vom Meeresgrund heraufholen und die sonst von keiner anderen Eidechse gefressen werden. Wenn Darwin eines dieser Tiere beim Schwanz nahm und ins Wasser warf, dann schwamm es stets auf schnellstem Wege wieder an Land. Darwin erklärte sich dieses Verhalten damit, daß die Echsen zwar im Meer von Haien bedroht, aber auf den Inseln völlig ungefährdet sind. Daher flüchten sie bei jeder Gefahr aufs Trockene. Daß sie in diesem Fall gerade das Falsche taten, konnten sie nicht begreifen.

Drusenkopf (Conolophus subcristatus)

Auch die den Meerechsen recht ähnlichen Drusenköpfe *(Conolophus subcristatus)* fand Darwin trotz ihrer lebhafteren bräunlich-roten Färbung »häßlich« und dem Eindruck nach, den er von ihnen gewann, »recht dumm«. Die Drusenköpfe graben sich Höhlen im Erdboden und gehen nie ins Meer. Sie fressen Kakteenstengel, Blätter verschiedener Bäume und die Beeren von Sträuchern.

Schon auf Chatham wunderte sich Darwin über viele sorgfältig ausgetretene Wege, die durch das Buschwerk in die Berge führten. Er fand sie auch auf den Inseln, die er später besuchte, und erfuhr, daß es sich um die Wechsel der großen Schildkröten handelte, die zu den höher gelegenen Wasserstellen führten. Die Elefantenschildkröten *(Testudo elephantopus)* der Galápagos haben gewaltige Ausmaße. Darwin stellte sich auf den Rücken der größeren, schlug mit einem Stock auf den Panzer, und die Tiere begannen zu laufen. Ihr Fleisch ist wohlschmekkend. Schon im 17. Jahrhundert – als sie noch sehr zahlreich waren – fingen Seefahrer sie zu Hunderten und brachten sie auf ihre Schiffe; denn diese Schildkröten sollen auch ohne Nahrung und übereinandergestapelt monatelang am Leben bleiben. Zu einer Zeit, als es noch keine Konserven, sondern nur Pökelfleisch gab, waren sie nicht nur ein billiger, sondern auch ein willkommener Proviant.

Später vernichteten Ansiedler die Schildkröten. Vor allem fraßen eingeführte Schweine und Hunde sowie eingeschleppte Ratten die Eier und Jungtiere, so daß sie auf einigen Inseln ausgerottet wurden. Das ist sehr schade; denn die Schildkröten der einzelnen Inseln unterscheiden sich alle etwas voneinander. Hierauf wurde Darwin erst kurz vor seiner Abreise durch einen Regierungsbeamten aufmerksam gemacht, der ihm sagte, er könne jeder Schildkröte ansehen, von welcher Insel sie komme.

Dies erstaunte Darwin in höchstem Maße; denn er fragte sich mit Recht, warum Tiere verschieden sind, die unter dem gleichen Klima auf nur durch wenige Kilometer Wasser getrennten Inseln leben, obwohl diese alle aus dem gleichen Gestein bestehen.

Es gab noch anderes, worüber sich Darwin wunderte. Er fand, daß »die ungeheure Mehrzahl sämtlicher Landtiere und mehr als die Hälfte der Blütenpflanzen eingeborene Erzeugnisse« waren. Weiterhin war er äußerst überrascht, auf den Galápagos »von neuen Reptilien, neuen Schaltieren, neuen Insekten, neuen Pflanzen umgeben zu sein, und doch in zahllosen unbedeutenden Einzelheiten des Baus, und selbst im Ton der Stimme und dem Charakter des Gefieders der Vögel die temperierten Ebenen Patagoniens oder die heißen Wüsten des nördlichen Chile« lebhaft vor seinen Augen zu sehen. Daraus ergab sich für ihn folgerichtig die Frage: »Warum sind auf diesen kleinen Stückchen Land, welche noch in einer späten geologischen Periode vom Ozean bedeckt gewesen sein müssen, welche aus basaltischer Lava bestehen und daher in ihrem geologischen Charakter vom amerikanischen Kontinent verschieden sind und auch ein eigentümliches Klima besitzen – warum sind hier die eingeborenen Bewohner ... nach amerikanischen Organisationstypen erschaffen?«

Darwin mußte sich diese Frage deshalb stellen, weil er, wie fast alle seine Zeitgenossen, fest davon überzeugt war, daß sämtliche Tier- und Pflanzenarten durch einen Schöpfungsakt auf die Welt gekommen seien und sich seit diesem Zeitpunkt nicht mehr verändert hätten. Da er weiterhin annehmen mußte, daß ein allmächtiger Schöpfer auch nach einem gewissen Plan gehandelt haben sollte, überraschte ihn diese Beziehung von Insel- und Festlandfauna; denn es steckte offenbar kein Sinn dahinter. Hatte der Weltenschöpfer, als er die Inseln besiedelte, ein Modell nötig, und warum nahm er sich gerade die amerikanische Tierwelt zum Vorbild?

Darwin kam der Gedanke, daß sich die Ähnlichkeit der Arten der Galápagosinseln mit den Tieren des amerikanischen Festlands viel zwangloser durch die Annahme erklären ließ, die Vorfahren der Inseltiere wären einmal von Südamerika her auf die Galápagos verschlagen worden und hätten sich hier allmählich so sehr verändert, daß sie nun neue Arten bildeten.

Noch eine andere Beobachtung deutete er in diesem Sinne. Darwin fand nur 26 Landvogelarten auf den Galápagos. Fast alle lebten nur innerhalb dieser Inselgruppe und nirgendwo anders. Die Hälfte aller Galápagosvögel sind eine besondere Form von Finken, die Geospizinae. Ihre Männchen sind mehr oder weniger schwarz, die Weibchen braun gefiedert. Diese Vögel sind zwar typische Finken, haben aber ungewöhnlich verschiedenartige Schnäbel, die denen von Buchfinken, Kernbeißern, ja sogar denen von Kreuzschnäbeln, Staren und Meisen gleichen. Auch das war Darwin bei der Annahme separater Schöpfungsakte unverständlich. Sollten diese Vögel nicht Nachkommen einer eingewanderten Finkenart sein, die ihre Schnäbel veränderten, um so die Nahrungsquellen verwerten zu können, die auf den Galápagos wegen des Fehlens vieler anderer Vogelarten nicht genutzt werden?

Wenn das alles so war, dann mußte er auch annehmen, daß neue Arten nicht nur hier, sondern ebenfalls an anderen Orten aus bereits vorhandenen hervorgingen. Entwickelte sich vielleicht sogar unsere ganze heutige Organismenwelt auf dem Weg eines solchen Artenwandels – möglicherweise von einigen wenigen Urorganismen ausgehend, die einstmals in ferner Vorzeit auf eine noch unbekannte Weise entstanden waren? Das schien Darwin deshalb wahrscheinlich, weil er nicht zuletzt aus eigenen Beobachtungen wußte, daß in zunehmend älteren Ablagerungen der Erdkruste auch zunehmend primitivere fossile Lebensspuren gefunden werden.

Bis Darwin mit solch ketzerischen Gedanken an die Öffentlichkeit trat, sollten noch mehr als 20 Jahre vergehen; denn diese Auffassung war damals so neu – ja revolutionär –, daß er sie erst zu äußern wagte, als er nicht nur selbst vollkommen von ihr überzeugt war, sondern auch genügend Beweise für ihre Richtigkeit zusammengetragen hatte, um jeder Kritik gewachsen zu sein.

Sein dann 1859 veröffentlichtes Werk »Die Entstehung der Arten durch natürliche Zuchtwahl« war ein großer Erfolg. Es war das Ergebnis langjähriger intensiver Arbeit, die letztlich durch Darwins Beobachtungen auf den Galápagos angeregt wurde.

Beobachtungen an Inseltieren sollten sich auch weiterhin als ungemein fördernd für den Ausbau der Abstammungslehre erweisen. Aber bevor wir hierauf eingehen, wollen wir uns erst einmal damit beschäftigen, wie Inseln entstehen und wie die Tiere, die da leben, dorthin gelangten.

Die Inseln

Doch vorher noch einige Worte zu den Inseln selbst. Wir unterscheiden zwei Formen – kontinentale und ozeanische Inseln. Kontinentale Inseln stehen auf den Festlandsockeln und sind nur durch flaches Wasser vom nächsten Kontinent getrennt. Sie sind nichts anderes als abgetrennte Stücke des Festlands, mit dem ihr Gebiet also früher einmal durch eine Landbrücke verbunden war. Daher bezeichnen manche Forscher sie auch als Landbrückeninseln. Solche kontinentale Inseln sind beispielsweise: Rügen, die Britischen Inseln, die Inseln Japans, Sumatra (Sumatera), Borneo (Kalimantan) und Java sowie Madagaskar.

Die Tierwelt kontinentaler Inseln ist gewöhnlich ärmer als die des nächstgelegenen Festlands, ihr aber sehr ähnlich.

Ozeanische Inseln liegen – wie die Galápagos – abseits der Festlandsockel. Somit umgibt sie überall tiefes Wasser. Die meisten erhoben sich einmal als Vulkane über den Meeresspiegel. Viele wurden von Korallentieren errichtet. Selten entstanden sie durch Auffaltung des Meeresbodens.

Auf ozeanischen Inseln finden wir weit weniger Tierformen als auf Festländern. Gewöhnlich fehlen außer Fledertieren alle Landsäugetiere, ebenso Amphibien und echte Süßwasserfische.

Nicht alle Inseln lassen sich eindeutig in dieses Schema einordnen. Beispielsweise waren die Antillen höchstwahrscheinlich nie mit dem Festland verbunden, trotzdem leben auf den Karibischen Inseln verschiedene Säugetiere und viele Frösche. Die Karibischen Inseln lie-

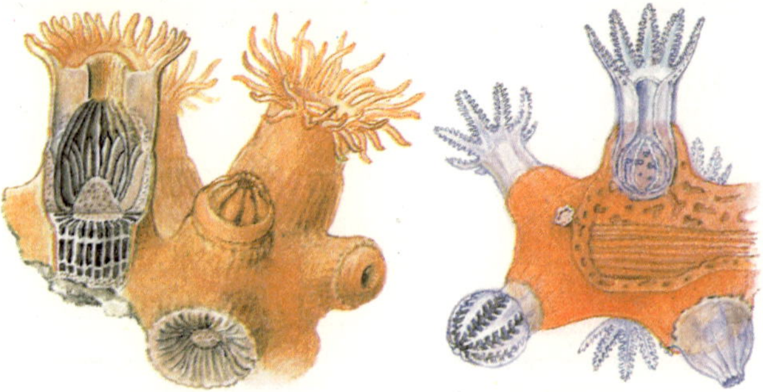

Links sehen wir ein Stück einer Kolonie von Astroides calycularis. Ein Polyp ist längs, ein anderer quer durchschnitten. Neben der kräftigen zapfenförmigen Mittelachse des Skeletts erkennen wir die Querböden, die von den Polypen in dem Maße abgeschieden werden, wie sie in die Höhe wachsen. Rechts ein Zweigstück der Edelkoralle (Corallium rubrum). Ein Polyp ist halbiert, und das von Kalkeinlagerungen durchsetzte lebende Gewebe ist bis auf die rote kalkige Skelettachse geöffnet.

gen eben nahe genug am Festland, so daß es diesen Tieren gelang, sie auch ohne Landbrücke zu erreichen.

Äußerst merkwürdig ist die Bildung von Inseln durch Korallenpolypen. Diese festsitzenden Blumentiere vermehren sich durch Sprossung. Eltern, Kinder, Enkel und die folgenden Generationen bleiben ständig verbunden, so daß allmählich große Tierstöcke entstehen. Dabei scheiden die Polypen ein stützendes und schützendes Kalkskelett ab, das sie als lebende Schicht bedecken und wohinein sich die Tiere bei Gefahr zurückziehen. Die Kalkstöcke wachsen jährlich etwa um 2 cm – bei geeigneten Bedingungen sogar 30 cm – in die Höhe. Sie erreichen ein erhebliches Volumen, so daß im Laufe von Jahrhunderten durch die unermüdliche Tätigkeit der Korallen gewaltige Riffe entstehen.

Riffbildende Korallen gedeihen nur dort, wo die Wassertemperatur nie unter 21 °C sinkt. Richtig wohl fühlen sie sich aber erst bei 25–29 °C.

Wegen dieser Temperaturansprüche gibt es in den Meeren unserer Breiten keine Korallenriffe. Eine Vorstellung von den Korallenpolypen können wir uns aber machen, wenn wir uns die Seerosen, Seeanemonen oder Seenelken, die wir in den Seewasseraquarien zoologischer Gärten, gelegentlich auch in zoologischen Handlungen sehen, auf eine Länge von wenigen Millimetern verkleinert denken. Die winzigen Korallenpolypen stehen in ihrer Färbung diesen großen, oft prachtvollen Einzeltieren in keiner Weise nach.

Riffkorallen gedeihen nur in Tiefen bis zu etwa 50 m; denn die Polypen sind auf lichtbedürftige einzellige Algen angewiesen, die zu Tausenden in ihrer Körperwand leben. Diese gelblichen Zooxanthellen verwerten die stickstoff- und phosphorhaltigen Stoffwechselschlacken der Korallenpolypen. Wie andere chlorophyllhaltige Pflanzen produzieren sie bei der Assimilation des Kohlendioxids Sauerstoff. Das können sie aber nur im Licht. Vielleicht profitieren die Polypen auch hiervon; doch geben sie so viel überschüssigen Sauerstoff ab, daß das Wasser über dem Riff tags zwei- bis viermal mehr davon enthält als nachts. Auch ihr Skelett bringen die Blumentiere nur mit Hilfe dieser kleinen Symbionten hervor.

Wie ist es aber möglich, daß wir mitten im Ozean Inseln finden, die – wie Bohrungen gezeigt haben – bis zu 1 400 m unter dem Meeresspiegel aus Korallenkalk bestehen, wenn die kalkabscheidenden Polypen in dieser lichtlosen Tiefe gar nicht mehr leben können?

Die Antwort hierauf verdanken wir wiederum dem Scharfsinn Darwins, der sich während der Fahrt der »Beagle« natürlich auch für die Korallenriffe interessierte.

Schon damals unterschied man drei Rifftypen: Saum- und Barriereriffe sowie Atolle. Saumriffe umziehen Inseln und Küsten von Kontinenten unmittelbar vor dem Land, so daß sie nur mit einer Flanke ans Meer grenzen. Barriereriffe sind durch einen mehr oder weniger breiten Kanal vom Land getrennt. Berühmtestes Beispiel ist das Große Barriereriff, das etwa 300 bis 2 000 m breit ist und in einem Abstand von oft mehr als 100 km zum Festland einen über 2 000 km langen Damm vor der ostaustralischen Küste bildet.

Am merkwürdigsten sind die Atolle – ringförmige

Die Araghinsel, ein Atoll im Pazifik

Riffe, die mitten im Ozean liegen. Meist erheben sich darüber flache Inseln, die aus Korallenbruch entstanden, der von der Brandung angehäuft wurde. Gelegentlich bilden diese Inseln vollkommen geschlossene Ringe um eine flache Lagune. Oft aber ist dieser Ring von einer oder mehreren Öffnungen unterbrochen, so daß das Wasser der Lagune mit dem Ozean verbunden ist. Nach außen hin stürzen die Riffe gewöhnlich steil ins scheinbar bodenlose Meer.

Den Ursprung dieser eigenartigen Gebilde konnte man sich zu Darwins Zeiten nicht einleuchtend erklären. Eine der damaligen Hypothesen behauptete, die Ringe wären auf unterseeischen Kraterrändern gewachsen. Darwin sah schnell, daß das nicht richtig sein konnte. Die Riffe sind oft viel größer als selbst die mächtigsten oberirdischen Krater. Viele Atolle sind langgestreckt und oval, Kraterränder hingegen immer rund. Die entscheidende Schwierigkeit aber war, daß die vielen Krater – um die Fundamente für die Bauten der Korallen zu liefern – alle aus mehreren tausend Meter Tiefe immer gerade bis wenige Meter unter den Meeresspiegel vorgestoßen sein mußten. Wir kennen aber sonst kein Gebirge, dessen Gipfel alle auf genau gleicher Höhe liegen.

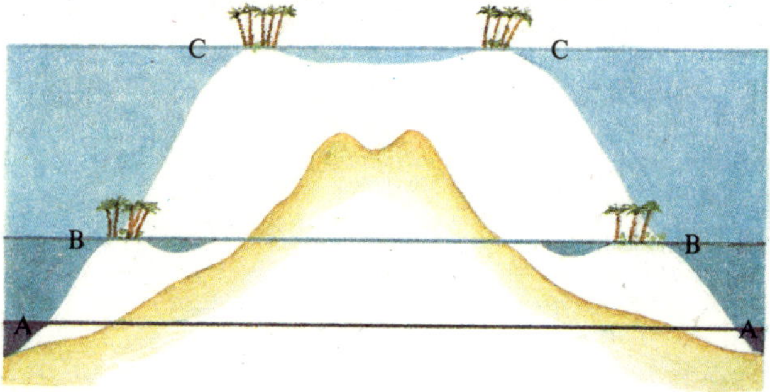

Darwins Theorie von der Atollbildung. Eine Felseninsel wird von einem Saumriff (A-A) umgeben. Der Meeresboden senkt sich, und aus dem Saumriff wird ein Wallriff (B-B). Später versinkt die Insel vollends im Meer. Die Lagune umgibt jetzt ein Atoll (C-C).

Darwin erkannte, daß offenbar ein Zusammenhang zwischen dem Kanal auf der Landseite der Barriereriffe und der Lagune der Atolle besteht. Sollten Barriereriffe nicht Saumriffe sein, hinter denen sich das Land gesenkt hat, so daß der Küstenstreifen unter Wasser geriet; und könnten so nicht aus Inseln, die von Riffen umgeben sind, nach und nach Atolle entstehen, wenn die Inseln allmählich untertauchten, die Korallen um sie herum aber im gleichen Tempo in die Höhe wüchsen? Die Kanäle hinter den Riffen mancher felsiger Inseln wären hiernach die Anfänge von Lagunen.

Diese Idee Darwins war ein Volltreffer. Sie allein hätte genügt, seinen Namen unvergessen zu machen. Wenn sich auch herausstellte, daß die Verhältnisse oft ein wenig komplizierter sind als diese einfache Theorie, so bleibt sie doch die Grundlage jeder Erklärung für das Entstehen der Atolle.

Darwin konnte auch erklären, warum die Korallen die Lagune nicht allmählich ausfüllen und aus den Atollen keine großflächigen Inseln werden. Die Korallen wachsen nämlich im ruhigen Wasser der Lagune lange nicht so gut wie in der Brandung rings um das Riff. Vor allem lagert sich in der Lagune viel Schlamm ab, was den Korallen ebenfalls nicht bekommt. Auch die Lücken im Riffring erhalten sich wegen der Sinkstoffe, die das ausströmende Wasser mitführt.

Die wachsenden Teile der Korallenriffe sind die reichhaltigsten Lebensräume unserer Erde, nicht nur wegen der zahlreichen verschiedenartigen Korallen, sondern auch durch die übrigen Mitbewohner. Ebenso wie auf dem Land nicht jede Pflanze an jedem Ort wächst, so gedeiht auch nicht jede Koralle an jeder Stelle des Riffs. Auf der Riffkante, unmittelbar in der Brandung, wachsen vor allem Arten der Gattung *Acropora*, die hier aber oft von Kalkalgen überwuchert werden, deren Ausscheidungen ebenfalls zum Aufbau des Riffelsens beitragen. In tieferen Zonen leben farbenfrohe Schwämme. Während die Nesselkapseln der echten Steinkorallen für die menschliche Haut harmlos sind, können die zu den Hydrozoen gehörenden Feuerkorallen der Gattungen *Millepora* und *Stylaster*, die also Verwandte unserer Süßwasserpolypen und keine Blumentiere sind, ganz empfindlich nesseln.

Ernst Haeckels Schilderung seines Besuches der Korallenbänke im Roten Meer blieb bis heute unübertroffen. Sie klingt wie ein Märchen aus »Tausendundeiner Nacht«: »Diese Pracht zu schildern vermag keine Feder und kein Pinsel. Die begeisterten Schilderungen von Darwin, Ehrenberg, Ransonnet und anderen Naturforschern, die ich früher gelesen, hatten meine Erwartungen sehr hoch gespannt; sie wurden aber durch die Wirklichkeit übertroffen. Ein Vergleich dieser formreichen und farbenglänzenden Meerschaften mit den blumenreichsten Landschaften gibt keine richtige Vorstellung.

Denn hier unten in der blauen Tiefe ist eigentlich alles mit bunten Blumen überhäuft, und alle diese zierlichen Blumen sind lebendige Korallentiere. Die Oberfläche der größten Korallenblöcke, von sechs bis acht Fuß Durchmesser, ist mit Tausenden von lieblichen Blumensternen

Nirgends auf der Welt ist das Tierleben reicher und farbenfroher als in einem Korallenriff.

bedeckt. Auf den verzweigten Bäumen und Sträuchern sitzt Blüte an Blüte. Die großen bunten Blumenkelche zu deren Füßen sind ebenfalls Korallen. Ja sogar das bunte Moos, das die Zwischenräume zwischen den größeren Stöcken ausfüllt, zeigt sich bei genauerer Betrachtung aus Millionen winziger Korallentierchen gebildet. Und all diese Blütenpracht übergießt die leuchtende arabische Sonne in dem kristallklaren Wasser mit einem unsagbaren Glanze!

In diesen wunderbaren Korallengärten, welche die sagenhafte Pracht der zauberischen Hesperidengärten übertreffen, wimmelt außerdem ein vielgestaltiges Tierleben der mannigfaltigsten Art. Metallglänzende Fische von den sonderbarsten Formen und Farben spielen in Scharen um die Korallenkelche gleich den Kolibris, die um die Blumenkelche der Tropenpflanzen schweben. Unter ihnen fällt uns vor allem der sonderbare Halbmondfisch *(Platax Ehrenbergi)* auf. Sein platt zusammengedrückter, sichelförmiger Körper, der je nach Lichteinfall bald in gelbgrünlichem Bronzeglanz, bald in prachtvollem Blau strahlt, ist oben in eine lange dreieckige, gekrümmte Rükkenflosse, unten in eine gleiche Analflosse ausgezogen. So erscheint der ganze Fisch als leuchtende Sichel im Halbdunkel der Korallenwälder, als das Symbol des türkischen Halbmondes, der jetzt noch diese arabischen Küsten beherrscht. Gleich einem leuchtenden Kometenschweife zieht durch die blaue Tiefe ein silberweißer Bandfisch von der Gestalt eines silbernen Schuppengürtels *(Trichiurus).* Ein rotbrauner, mit seltsamem Helmschmuck an dem gepanzerten Haupte ausgestatteter Drachenkopf *(Scorpaena)* jagt eine ganze Schar von kleinen goldgelben Lippfischen vor sich her (Labroiden). Aber auch der grimme Menschenhai, der Schrecken des Meeres, fehlt nicht, und bisweilen erscheinen im Hafen von Tur solche Haifische von zehn bis zwanzig Fuß Länge.

Noch viel mannigfaltiger und interessanter als die Fische sind die wirbellosen Tiere der verschiedenen Klassen, welche auf den Korallenbänken ihr Wesen treiben. Zierliche durchsichtige Krebse aus der Garnelengruppe schnellen haufenweise vorüber, und bunte Krabben klettern zwischen den Korallenzweigen. Auch rote Seesterne, violette Schlangensterne und schwarze Seeigel klettern in Menge auf den Ästen der Korallensträucher, der Scharen bunter Muscheln und Schnecken nicht zu gedenken. Reizende Würmer mit bunten Kiemenfederbüschen schauen aus ihren Röhren hervor. Da kommt auch ein dichter Schwarm von zarten violetten Medusen geschwommen, und zu unserer Überraschung erkennen wir in der zierlichen Glocke eine alte Bekannte aus der Ostsee und Nordsee, die *Aurelia.*

Man könnte glauben, daß in diesen bezaubernden Korallenhainen, wo jedes Tier zur Blume wird, der glückselige Friede der elysischen Gefilde herrsche. Aber ein näherer Blick in ihr buntes Getriebe lehrt uns bald, daß auch hier, wie im Menschenleben, beständig der wilde Kampf ums Dasein tobt, oft zwar still und lautlos, aber darum nicht minder furchtbar und unerbittlich. Die große Mehrzahl des Lebendigen, das hier in üppigster Fülle sich entwickelt, wird beständig vernichtet, um die Existenz einer bevorzugten Minderzahl zu ermöglichen. Überall lauert Schrecken und Gefahr. Um uns davon zu überzeugen, brauchen wir bloß selbst einmal unterzutauchen. Rasch entschlossen springen wir über Bord und schauen nun erst, von wunderbarem, grünem und blauem Glanze umgossen, die Farbenpracht der Korallentiere ganz in der Nähe. Aber bald erfahren wir, daß der Mensch ungestraft sowenig unter Korallen als unter Palmen wandelt. Die spitzen Zacken der Steinkorallen erlauben uns nirgends, festen Fuß zu fassen. Wir suchen uns einen freien Sandfleck zum Standpunkt aus. Aber ein im Sande verborgener Seeigel *(Diadema)* bohrt seine fußlangen, mit feinen Widerhaken bewaffneten Stacheln in unsern Fuß; äußerst spröde zersplittern sie in der Wunde und können nur durch vorsichtiges Ausschneiden entfernt werden. Wir bücken uns, um eine prächtige smaragdgrüne Aktinie vom Boden aufzuheben, die zwischen den Schalenklappen einer Riesenmuschel zu sitzen scheint. Jedoch zur rechten Zeit noch erkennen wir, daß der grüne Körper keine Aktinie, sondern der Leib des lebendigen Muscheltieres selbst ist; hätten wir es unvorsichtig angefaßt, so wäre unsere Hand durch den kräftigen Schluß der beiden Schalenklappen elend zerquetscht worden. Nun suchen wir einen schönen violetten Madreporenzweig abzubrechen, ziehen aber rasch die Hand zurück; denn eine mutige kleine Krabbe *(Trapesia)*, die scharenweise zwischen den Ästen wohnt, zwickt uns empfindlich mit den Scheren. Noch schlimmere Erfahrungen machen wir mit dem Versuche, die danebenstehende Feuerkoralle *(Millepora)* abzubrechen. Millionen mikroskopischer Giftbläschen entleeren bei der oberflächlichen Berührung ihren ätzenden Saft auf unsere Haut, und unsere Hand brennt, als ob wir ein glühendes Eisen angefaßt hätten. Ebenso heftig brennt ein zierlicher kleiner Hydropolyp, der höchst unschuldig aussieht. Um nicht auch noch mit einem brennenden Medusenschwarme in unliebsame Berührung zu kommen oder gar einem der nicht seltenen Haifische zur Beute zu fallen, tauchen wir wieder empor und schwingen uns in die Barke.

Welche fabelhafte Fülle des buntesten Tierlebens auf diesen Korallenbänken durcheinanderwimmelt und miteinander ums Dasein kämpft, davon kann man sich erst bei genauerem Studium ein annäherndes Bild machen. Jeder einzelne Korallenstock ist eigentlich ein kleines zoologisches Museum. Wir setzen z. B. einen schönen Madreporenstock *(Stylopora)*, den eben unser Taucher emporgebracht hat, vorsichtig in ein großes, mit Seewasser gefülltes Glasgefäß, damit seine Korallentiere ruhig ihren zierlichen Blumenkörper entfalten. Als wir eine Stunde später wieder nachsehen, ist nicht nur der vielverzweigte Stock mit den schönsten Korallenblüten bedeckt, sondern auch Hunderte von größeren und Tausende von kleineren Tieren kriechen und schwimmen im Glase herum: Krebse und Würmer, Kraken und Schnecken, Tascheln und Muscheln, Seesterne und Seeigel, Medusen und Fischchen: alle vorher im Geäste des Stocks verborgen. Und selbst wenn wir den Korallenstock herausnehmen und mit dem Hammer in Stücke zerschlagen, finden wir in seinem Innern noch eine Menge verschiedener Tierchen, namentlich bohrende Muscheln, Krebse und Würmer verborgen. Und welche Fülle unsichtbaren Lebens enthüllt uns erst das Mikroskop! Welcher Reichtum merkwürdiger Entdeckungen harrt hier noch zukünftiger

Zoologen, denen das Glück beschieden ist, Monate und Jahre hindurch an diesen Korallenküsten zu verweilen.«

Aber wenden wir uns von dieser märchenhaften Unterwasserwelt nun den Tieren zu, die auf den Inseln leben.

Wie kamen die Tiere auf die Inseln?

Vor rund einem halben Jahrhundert unterschätzten viele Zoologen noch die Möglichkeiten der Tiere, Hindernisse zu überwinden, die ihrer Verbreitung entgegenstehen. Sie glaubten, Arten, die nicht fliegen und nur mühsam schwimmen, könnten fast nie größere Wasserstrecken überqueren. Hierin wurden sie dadurch bestärkt, daß selbst für manche Vögel recht schmale Wasserstraßen wirkungsvolle Verbreitungsschranken bilden.

Die Insel Bali trennt nur ein 2,5 km breiter Meeresarm von Java, ihrem westlichen Nachbarn im Sundabogen. Bis zur östlichen Nachbarinsel Lombok sind es auch nicht mehr als 33 km. Dennoch lebt der schöne weiße Balistar *(Leucopsar rothschildi)* nur auf Bali und nicht auf Java und Lombok. Fünf Vogelarten, ein Reptil, 41 Tagfalter und drei Landschnecken bilden auf Bali gesonderte, von denen der Nachbarinseln verschiedene Rassen.

In der Meeresstraße nach Lombok liegt noch ein kleines Eiland, so daß die längste Wasserstrecke, die ein Tier überwinden muß, um von einer Insel zur anderen zu gelangen, nur 20 km beträgt. Trotzdem ist diese Straße zwischen Bali und Lombok ein Bestandteil der berühmten Wallaceschen Linie, die weiter nördlich zwischen Borneo und Sulawesi verläuft und Inseln mit völlig verschiedenen Tierwelten voneinander trennt. Bali bildet die östliche Verbreitungsgrenze vieler Tiere der orientalischen

Charakteristische Tiere der australischen Faunenregion östlich der Wallaceschen Linie. Oben: Allfarblori (Trichoglossus haematodus), rechts: Gelbhaubenkakadu (Cacatua galerita), unten: Eichhörnchenflugbeutler (Petaurus sciureus)

Faunenregion, während auf Lombok die westlichsten australischen Elemente vorkommen. Obwohl auch östlich dieser Linie bis hin zur Insel Flores orientalische – also südasiatische Arten – überwiegen, hat der Zoologe, der die enge Wasserstraße zwischen Bali und Lombok entweder in östlicher oder westlicher Richtung überquert, den Eindruck, auf einen neuen Kontinent zu gelangen. Auf Lombok findet der von Westen kommende Reisende zum erstenmal Kakadus, Loris und Großfußhühner, die für die Vogelwelt Australiens und seiner Nachbarinseln typisch sind. Kommt er hingegen von Osten her nach Bali, bemerkt er statt einer nun fünf Spechtarten und den schönen grünen Bartvogel *(Cyanops armillaris)* aus der Familie der Capitonidae, die auf Lombok fehlt. Auf Bali entdeckt er Tiger, mehrere Arten Eichhörnchen, den grauen Affen *Macaca irus* und viele andere orientalische Arten.

Da nicht nur hier, sondern auch anderswo beträchtliche Unterschiede zwischen benachbarten Faunen durch schmale Wasserarme erhalten bleiben, glaubte man, die meisten Tiere wären ursprünglich nur über ehemalige Landbrücken auf die heutigen Inseln gelangt. Der Zoologe Bernhard Rensch, der 1927 auf einer Sammelreise die Kleinen Sundainseln durchstreifte, deutete seine Beobachtungen und die zahlreichen vor ihm gewonnenen Erkenntnisse über die Verbreitung von Tieren im Malaiischen Archipel, indem er viele solcher alter Landbrükken annahm. Allein aus der Verbreitung von Rassen, Arten und Gattungen erschloß Rensch, ob und wie oft einst bestimmte Inseln untereinander oder mit dem Festland verbunden waren.

Später bemerkte einmal ein Forscher zu diesen und anderen Konstruktionen hypothetischer Landbrücken, daß es kaum einen Fleck im Malaiischen Archipel gäbe, über den nicht irgendeine der angenommenen Landbrücken verliefe.

Den unkritischen Landbrückenhypothesen, die zwar auf der Grundlage vieler zoogeographischer Beobachtungen, aber ohne Berücksichtigung der geologischen Verhältnisse entwickelt wurden, steht gegenüber, daß viele Inseln, die bestimmt nie mit dem Festland verbunden waren, dennoch recht reichhaltige – obwohl mit denen von

Festländern nicht annähernd vergleichbare – Tierwelten aufweisen. Das gilt auch für die Galápagosinseln. Allerdings befanden sich die Galápagos früher vermutlich viel näher am Festland als heute; denn von Kostarika bis über die nördlich des Archipels liegende Cocosinsel hinweg erstreckt sich ein unterseeischer Rücken, der während des Tertiärs wohl aus dem Meer ragte. Diese versunkene Halbinsel könnte den Galápagos bis auf etwa 150 km nahe gekommen sein.

In jedem Jahr werden viele entwurzelte Bäume von den mittel- und südamerikanischen Flüssen ins Meer geschwemmt. Oft verhaken sich ihre Äste und Wurzeln, so daß große Flöße entstehen. Man kann sich durchaus vorstellen, daß darauf Insekten, Reptilien und andere kleinere Tiere zu den Galápagos gelangten. Zwar gingen die meisten zugrunde, aber innerhalb größerer Zeiträume kam doch hin und wieder ein noch lebendes Tier bei den Inseln an.

Hierzu gibt es folgende Überlegung: Wenn damals, als die Cocoshalbinsel bestand, jährlich zehn Baumstämme an die Galápagosküsten getrieben wurden und nur jeder tausendste ein noch lebendes Tier trug, so würden in einer Million Jahren 10 Millionen Bäume mit immerhin 10 000 Individuen zu den Galápagos gelangt sein.

Daß übers Meer herangetriebene Baumstämme tatsächlich lebende Tiere herantragen, hat man wiederholt beobachtet. An den Strand der Antilleninsel St. Vincent wurde einmal eine große Zeder gespült, auf der sich eine *Boa constrictor* befand. Sie entkam in den Urwald und wurde wenige Tage danach erlegt. Die Schlange trug mehrere gut entwickelte Junge. Die nächste Insel, auf der Boas leben, ist das etwa 160 km entfernte Tobago. Vermutlich stammte das Tier aber sogar aus der Orinocomündung. Dies ist zwar schon eine alte Geschichte, die seit den Zeiten von Charles Lyell und Alfred Russell Wallace immer wieder erzählt wird, aber warum sollte sie nicht wahr sein?

Am Ufer der Sundainsel Krakatau fand man in einem angespülten morschen Baumstamm lebende Eier eines Hausgeckos *(Hemidactylus).* Hohle Baumstämme enthalten gelegentlich Erde, die Tiere oder deren Eier beherbergt. Am Strand des Keelingatolls wurde ein Stamm gefunden, der eine Schubkarrenladung feiner Erde enthielt, wie sie auf dem Atoll sonst nirgends vorkommt.

Manchmal lösen sich sogar ganze kleine Inseln vom Festland. Im Juli 1969 sichtete man knapp 100 km südlich von Kuba ein etwa 13 m langes und 6 bis 12 m breites schwimmendes Eiland, auf dem etwa ein Dutzend Bäume wuchsen. Vermutlich war es am 1. oder 2. Juli von Kuba losgebrochen und hatte am 11. schon ein Viertel des Weges nach Jamaika zurückgelegt. Allerdings war es am 19. Juli verschwunden. Ein am 15. senkrecht aus dem Meer ragender Palmenwipfel war wohl seine letzte Spur.

Diese und viele andere Beobachtungen zeigen, daß – genügend große Zeiträume vorausgesetzt – auch kleinere flugunfähige Tiere sogar zu weit von den Festländern entfernten Inseln kommen können. Allerdings gelingt das nicht allen. Daß auf ozeanischen Inseln gewöhnlich keine Amphibien, nur wenige Schlangen und außer flugfähigen Fledertieren kaum Säuger leben, wurde schon erwähnt. Im Gegensatz zu vielen Reptilien – besonders Eidechsen – und zahlreichen niederen Tieren überstehen Frösche, Molche und Salamander sowie deren Laich keine längeren Seereisen; denn sie sind sehr empfindlich gegen Salzwasser. Daher sind die Frösche auf den Antillen, den Seychellen und den Fidschiinseln etwas ganz Ungewöhnliches. Säugetiere verdursten oder verhungern gewöhnlich, bevor sie nach monatelanger Drift auf einem natürlichen Floß eine landferne Insel erreichen.

Ob ein Tier eine Insel besiedelt, hängt nicht nur davon ab, daß seine Reise übers Meer erfolgreich ist. Wichtig ist auch, daß es überhaupt aufs Meer verschlagen wird. Selbstverständlich kann sich eine Art auch nur dann auf einer Insel festsetzen, wenn sie mit den dortigen Lebensverhältnissen zurechtkommt.

Manche Tiere werden oft, andere seltener aufs Meer getrieben. Zu letzteren gehören die meisten Urwaldvögel, die sich daher verhältnismäßig selten auf Inseln ansiedeln. Auf der kleinen, 70 ha großen Insel Puercos im Golf von Panama leben nur 20 Vogelarten. Obwohl Puercos von üppigem Dschungel überwuchert wird, der nicht weniger dicht ist als der des benachbarten Festlands, finden wir dort keinen Urwaldvogel. Die 20 Arten stammen vielmehr alle aus dem offenen Gelände Panamas. Während in den Festlandwäldern der Schieferfarbene Ameisenwürger *(Thamnophilus punctatus)* sein Wesen treibt, sind die Wälder Puercos' vom Gestreiften Ameisenwürger *(Th. doliatus)* bevölkert, der auf dem Festland offene Flächen bevorzugt.

Urwaldvögel leben unter stets gleichbleibenden Bedingungen. Offenes Gelände, das der Gestreifte Ameisenwürger bevorzugt, wird aber früher oder später zum Urwald, so daß dieser Vogel sich immer wieder neue Lebensräume suchen muß. Deshalb ist er viel beweglicher als sein Verwandter aus dem Urwald und wird daher viel leichter einmal auf eine Insel verschlagen. Natürlich muß er – wenn er erfolgreich siedeln will – mit den dortigen Verhältnissen fertig werden.

Wie wichtig diese Fähigkeit ist, zeigen zwei amerikanische Libellenarten, die sich erst dann auf Hawaii niederließen, als man dort Reis und Taro zu kultivieren begann. Denn erst die bewässerten Felder ermöglichten es, daß sich ihre Larven dort entwickeln konnten. Vermutlich waren schon früher Libellen dieser Arten nach Hawaii verschlagen worden, hatten sich aber damals nicht ansiedeln können.

Mancher mag sich darüber wundern, daß amerikanische Libellen nach Hawaii gelangen. Verschiedene Libellen fliegen aber ungewöhnlich gut und ausdauernd, so daß das nicht unmöglich ist. Die Cocos-Keelinginseln, die immerhin 960 km von Java entfernt sind, werden bei nördlichen Winden regelmäßig von großen Libellenschwärmen erreicht. Eine der hier erscheinenden Arten soll sogar von Australien kommen. Heimisch werden die Libellen allerdings auf diesen Inseln nicht; denn auch hier gibt es kein offenes Wasser.

Wie rasch sich auf einer anfänglich völlig leblosen festlandnahen Insel die verschiedenartigsten Tiere ansiedeln, zeigt ein eindrucksvolles »Naturexperiment«, das wir etwas näher betrachten wollen.

Krakatau

In der Sundastraße, die Java und Sumatra voneinander trennt, liegt die Insel Krakatau (auch Rakata genannt). Mitte des vergangenen Jahrhunderts war sie noch 9 km lang und etwa 5 km breit. Heute ist sie nicht einmal mehr halb so groß.

Damals trug Krakatau drei Vulkane. Der mächtigste – Krakatau (auch Rakata genannt) – ragte über 800 m aus dem Meer. Am 20. Mai 1883 wurden die Krater auf der Insel aktiv. Ein Ausbruch folgte dem anderen, bis dann am 27. August die beiden größten Vulkane in einer gewaltigen Explosion auseinanderflogen. Der Rakata zerbrach in der Mitte. Eine Hälfte blieb stehen, die andere versank zusammen mit den Vulkanen Danan und Perboewatan im Meer, dessen Boden hier zu einem 270 m tiefen Loch einsank. Dieses plötzlich entstandene Loch verursachte eine 20 bis 35 m hohe Flutwelle, die benachbarte Küsten überflutete und der 36 000 Menschen zum Opfer fielen.

Nach dieser Katastrophe blieb lange Zeit alles ruhig. Erst 1927 begannen neue unterseeische Ausbrüche; 1928 tauchte dann über dem versunkenen Gebiet der Insel ein neuer Krater aus dem Meer, der im Mai 1933 die Höhe von 96 m erreichte. Er wird Anak Krakatau – Kind des Krakatau – genannt.

Die Eruptionen von 1883 hatten eine enorme Menge Asche und Bimsstein ausgeschleudert, die den Rest von Krakatau sowie die benachbarten kleinen Inseln Verlaten Eiland und Lang Eiland mit einer glühenden 30 bis 60 m dicken Schicht bedeckten. Sicher vernichtete diese Aschen- und Bimssteinschicht jedes Leben auf den Inseln. Sogar ihre Oberfläche war noch im Dezember 1883 so heiß, daß man sie kaum ohne Schuhe betreten konnte. Aus den vom Regen ausgewaschenen Rinnen stieg noch überall dichter Dampf auf.

Würde sich Krakatau je wieder beleben? Und wie lange würde es wohl dauern, bis die Insel wieder – wie zuvor – ein geschlossener Wald bedeckt, in dem Vogelgesang ertönt, Insekten ihr Wesen treiben und Affen spielen?

Leider hat man die Neubesiedlung Krakataus nicht systematisch verfolgt. Trotzdem können wir uns ein recht gutes Bild davon machen, wie die Pflanzen- und Tierwelt hier allmählich wieder Fuß faßte; denn es gibt mehrere Berichte von Botanikern und Zoologen, die Krakatau und seine beiden Nachbarinseln zu verschiedenen Zeiten nach der Katastrophe besuchten.

Ein belgischer Forscher, der Ende 1884 nach Krakatau kam, fand auf der sonst noch völlig leblosen Insel immerhin schon eine winzige Spinne, die dort ihr Netz webte. 1888 entwickelte sich an einer Stelle, wo das Meer den ursprünglichen festen Basalt freigespült hatte, ein Korallenriff, das vorwiegend aus der Art *Madrepora nobilis* bestand. Schon 1889, also sechs Jahre nach dem Vulkanausbruch, berichtete ein Reisender, daß die Insel von Spinnen, Fliegen, Wanzen, Käfern und Schmetterlingen belebt war. Er sah auch eine große Eidechse. Vermutlich war das schon der Bindenwaran *(Varanus salvator)*, der auch heute Krakatau bevölkert.

Erst im Mai 1908 – also 25 Jahre nach der Explosion – untersuchte der holländische Zoologe Edward Jacobson die Fauna Krakataus etwas gründlicher. Aber auch er verweilte nur drei Tage auf dieser Insel und wenige Stunden auf Verlaten Eiland. Er fand auf Krakatau ungefähr 200 Tierarten, auf dem kleinen Verlaten Eiland 29.

Damals lebte auf Krakatau kein einziges Säugetier – auch keine Fledermaus. Jacobson fand zwei Reptilien: den schon erwähnten Bindenwaran und einen Gecko der Gattung *Hemidactylus.* Auffallend waren die vielen Hundertfüßer (Chilopoden) und Spinnen. Obgleich er gründlich danach suchte, sah Jacobson keine Regenwürmer, wohl aber zwei Schneckenarten.

Im April 1919 unternahmen die Teilnehmer eines wissenschaftlichen Kongresses in Batavia (heute Jakarta) eine eintägige Exkursion nach Krakatau. Sie sahen zum erstenmal eine Fledermaus und fanden auch Regenwürmer.

Seitdem wurde die Tierwelt Krakataus regelmäßig beobachtet. Leider wissen wir kaum etwas von der Fauna, die hier vor dem Vulkanausbruch lebte. Ein Forscher hatte einmal fünf Schneckenarten gesammelt, von denen bisher noch keine wieder dorthin gelangte. Statt der Landschnecke *Amphidromus inversus* finden wir heute die verwandte Art *A. porcellanus.*

Jacobson hatte 1908 auf Krakatau 202 Tierarten gesehen, 1919/21 lebten dort 770 Arten, 1934 waren es schon 1 100.

Bis 1917 gab es auf dieser Insel keine Säugetiere. Aber nachdem sich im genannten Jahr ein Ansiedler auf Krakatau niederließ, erschienen sofort Hausratten und wurden schnell zur Plage. Offensichtlich wurden sie mit dem Boot eingeschleppt, das den Ansiedler regelmäßig mit Lebensmitteln versorgte. Der erste Insektenfresser erreichte 1928 die Insel. Damals fand man auf Lang Eiland auch eine zweite Rattenform.

Die Anzahl der ständig auf Krakatau lebenden Vogelarten stieg von 13 im Jahre 1908 auf 29 in den Jahren 1919/21. In letzterer Zahl sind allerdings die Vögel von Verlaten Eiland und Lang Eiland einbegriffen. Bis 1934 kamen noch vier weitere Arten hinzu.

Daß sich Vögel auf den Inseln ansiedelten, verwundert nicht. Die Ankunft der Reptilien ist schwerer zu verstehen. Der erwähnte Gecko und der Waran wurden wohl von Booten eingeschleppt, die gelegentlich auf Krakatau landen. Für andere Reptilien soll ein solcher Bootstransport aber sehr unwahrscheinlich sein.

Bis 1945 fand man keine Amphibien und auch keine Süßwasserfische. Bemerkenswert ist, daß es auf Krakatau, Verlaten Eiland und Lang Eiland zwar wieder viele Insekten gibt, daß die drei Inseln aber nur verhältnismäßig wenige gemeinsame Arten haben. Offensichtlich erreichten jeweils verschiedene Arten die Inseln. Andererseits sind die Lebensverhältnisse auf ihnen nicht gleich, so daß die Ankömmlinge sich nicht überall in gleicher Weise festsetzen konnten.

Der Bindenwaran (Varanus salvator) war das erste Reptil, das nach dem Vulkanausbruch wieder Krakatau erreichte.

Viele Tiere siedelten sich natürlich auch erst dann an, als es wieder bestimmte Pflanzen gab. Schon 1886 fand man Blaualgen und Farne, 1887 wuchs schon Gras, 1906 entfalteten die ersten kleinen Bäume ihr Blattwerk. Sie überwucherten allmählich die Graslandschaft, die eine Zeitlang der Insel ihr Gepräge gegeben hatte. Heute ist Krakatau von einem dichten Wald bedeckt.

Bedenken wir, daß das nächste Land – die kleine Insel Sebesy – 15 km und die Küste Sumatras nahezu 30 km von Krakatau entfernt sind, dann ist die Neubesiedlung dieser Vulkaninsel ein eindrucksvoller Beweis für die Fähigkeit vieler Tiere, in relativ kurzer Zeit nicht ganz unbedeutende Wasserstrecken zu überwinden und neue Lebensräume zu erobern.

Inseln – Geburtsstätten neuer Arten

Nicht nur Darwin dämmerte durch den Besuch einer Inselgruppe die Erkenntnis, daß sich Arten allmählich wandeln. Seinem Landsmann Alfred Russell Wallace (1823–1913) ging es ähnlich. Wallace unternahm, nachdem er 1848–1852 die Urwälder am Amazonas durchstreift hatte, 1854 eine abenteuerliche Forschungs- und Sammelreise durch den Malaiischen Archipel, die acht Jahre dauern sollte. Hier regten ihn seine Beobachtungen über die Verbreitung von Vögeln, Säugetieren und Insekten ebenfalls zu dem Gedanken an, neue Arten gingen aus anderen ähnlichen hervor; denn wie sollte er es sich sonst erklären, daß auf benachbarten Inseln zwar oft einander ähnliche Arten leben, daß aber manche dieser Arten nur auf einer einzigen Insel vorkommen?

Daß gerade Inselfaunen die Aufmerksamkeit bedeutender Forscher in diese Richtung lenkten, war sicher kein Zufall. Auf Inseln verlaufen gewisse evolutionäre Vorgänge wesentlich rascher als auf großen Kontinenten. Daher zeigen sich die Spuren der Evolution hier deutlicher als anderswo. Vor allem beschleunigen Inseln das Entstehen neuer Rassen und Arten.

Bevor wir näher hierauf eingehen, sei kurz dargelegt, was eigentlich Arten und Rassen sind und welche Rolle sie bei der stammesgeschichtlichen Entwicklung der Tierwelt spielen. Mancher mag denken, Arten seien immer deutlich voneinander verschieden, und sich wundern, wenn er hört, daß es nicht immer möglich ist zu sagen, ob zwei Formen zu verschiedenen Arten gehören oder nicht.

Ist es nicht klar, daß beispielsweise Reh, Rot- und Damhirsch verschiedene Arten bilden, und können wir nicht genau angeben, wodurch sich diese drei unterscheiden?

Aber bei genauerem Hinsehen wird die Sache doch komplizierter. Sind auch die mächtigen Marale Sibiriens und die stattlichen Wapitis Nordamerikas, die wir im Zoo bewundern, von unserm Rothirsch verschiedene Arten? Obwohl sie etwas größer werden, etwas anders geformte Geweihe tragen und auch etwas abweichend gefärbt sind, mag mancher Zoobesucher sie mit unserm Rothirsch verwechseln.

Nach der heute vorherrschenden Auffassung sind zwei Tierformen dann verschiedene Arten, wenn ihre Angehörigen beim Aufeinandertreffen in freier Natur keine fruchtbaren Bastarde erzeugen, so daß sie ständig nebeneinander existieren, ohne sich zu vermischen. Auch solche Tiere, die unter den abnormen Verhältnissen der Gefangenschaft fruchtbare Nachkommen hervorbringen, gehören zu verschiedenen Arten, wenn sie sich beim Aufeinandertreffen in ihrer natürlichen Umwelt nie paaren.

Allein die vollständige »reproduktive Isolation« unter natürlichen Bedingungen entscheidet darüber, ob eine bestimmte Tierform eine Art ist. Ob sie einer anderen Gruppe von Individuen ähnelt oder nicht, ist hierfür unwesentlich. Allerdings ist es eine allgemeine Regel, daß sich Angehörige einer Art gewöhnlich mehr gleichen als Tiere verschiedener Arten.

Manche Arten lassen sich aber nur mit allergrößter Mühe an ihrem Äußeren unterscheiden, obwohl sie reproduktiv vollkommen voneinander getrennt sind. Solche Geschwisterarten sind beispielsweise unsere beiden Baumläufer, der Garten- *(Certhia brachydactyla)* und der Waldbaumläufer *(C. familiaris)*. Andererseits gibt es Tiere, die so verschieden aussehen, daß wir nicht auf den Gedanken kämen, sie gehörten zu einer Art, wüßten wir nicht, daß sie sich untereinander oder mit den gleichen Partnern paaren. Die schlanken Körper der Männchen einer unserer häufigsten Libellen – der Becherazurjungfer *(Enallagma cyathigerum)* – sind alle kräftig blau und schwarz gezeichnet. Die Weibchen bleiben viel unscheinbarer. Aber selbst auf einem kleinen Wiesenstück finden wir graue, grüne und rötliche nebeneinander. Diese drei

Weibchenformen sind nicht etwa verschiedene Rassen. Vielmehr nennen wir sie Morphen. Leben wie in diesem Fall solche deutlich verschiedenen Morphen nebeneinander, so sprechen wir von einem Polymorphismus.

Ein Beispiel von Polymorphismus, das jeder kennt, sind die verschiedenen Farbschläge unserer Hain- *(Cepea nemoralis)* und Gartenschnecken *(C. hortensis).* Innerhalb einer Hecke leben oft gelbe, rosa und braune Hainschnekken. Einige Gehäuse sind mit schwarzen Bändern geschmückt, anderen fehlen sie. Manche Schalen tragen nur ein Band, andere zwei, drei, vier oder fünf.

Unter einer Rasse oder Unterart verstehen wir hingegen eine Gruppe von Individuen, die ein besonderes Gebiet bewohnt und deren Angehörige sich mehr oder weniger von Tieren der gleichen Art in anderen geographischen Gebieten unterscheiden. Marale, Wapitis und unser Rothirsch sind Rassen der Art *Cervus elaphus.*

Gewöhnlich entstehen neue Arten über das Stadium der Rasse. Das bedeutet aber nicht, daß aus jeder Rasse eine neue Art hervorgeht. Im Gegensatz zu verschiedenen Rassen einer Art bleiben vollentwickelte Arten immer getrennt, auch wenn sie ständig nebeneinander im gleichen Territorium leben. Gäbe es keine Arten und kreuzten sich alle Tiere uneingeschränkt miteinander, dann gäbe es keine besonderen Anpassungen. Jeder Ansatz zu neuen Entwicklungen wäre bald unterbunden.

Ein ziemlich drastisches, rein hypothetisches Beispiel möge das illustrieren. Wölfe und Schafe sind ihrer jeweiligen Lebensweise durch ihre Gebisse, ihre Verdauungssysteme usw. angepaßt. Kreuzten sie sich, so würden aus ihnen wohl bald unspezialisierte Allesfresser werden, die schlechter jagten als Wölfe und Gras weniger gut verwerteten als Schafe.

Allein durch das ständige Neuentstehen von Arten konnten Tiere und Pflanzen in vielen Tausenden Entwicklungslinien die verschiedenartigsten Methoden herausbilden, um in ihrer jeweiligen Umwelt zu überleben oder die unterschiedlichsten Lebensräume zu erobern.

Wie entstehen aber innerhalb einer Art Mechanismen, die verhindern, daß sich bestimmte Gruppen mit ihren bisherigen Artgenossen paaren, oder die bewirken, daß

Drei Rassen der Baleareneidechse; von oben nach unten: Podarcis lilfordi rodriquezi von Ratas, P. l. fenni von Nitge und P. l. lilfordi von der Insel Aire

solche Paarungen wenig lebenstüchtige oder unfruchtbare Nachkommen ergeben?

Derartige Mechanismen bilden sich gewöhnlich nur dann, wenn die Gruppe – oder Population –, die eine selbständige Entwicklung einschlägt, für längere Zeit von ihren übrigen Artgenossen getrennt wird. Dies ist überhaupt eine Vorbedingung für jede gesonderte Entwicklung, nicht nur für das Entstehen reproduktiver Isolation. Weil Inselbewohner nur sehr selten mit Artgenossen auf dem Festland oder anderen Inseln in Berührung kom-

Drei Rassen der Pityuseneidechse; links: Podarcis pityusensis pityusensis von Ibiza, rechts: P. p. maluquerorum von Bleda Plana und P. p. vedrae von der Insel Vedra

men, verstehen wir hiermit bis zu einem gewissen Grad, warum sich auf Inseln neue Rassen und Arten relativ schnell entwickeln.

Einige Tatsachen mögen diese rasche Rassen- und Artbildung auf Inseln deutlich machen: Die Eidechse *Podarcis bocagei* bildet auf der ganzen Pyrenäenhalbinsel nur drei Rassen. Die verwandte Art *P. pityusensis* auf der Inselgruppe der Pityusen ist hingegen in 24 Rassen gegliedert. Auch die ähnliche *P. lilfordi* brachte auf den Balearen immerhin 13 Rassen hervor. Diese drei Arten unterscheiden sich durch die Stellung des Nasenlochs sowie Form, Anordnung und Zahl der Schuppen. Die Rassen innerhalb der beiden Inselarten sind in Körpergröße und -form, vor allem aber in ihrer Färbung verschieden.

Merkwürdigerweise fehlt die Baleareneidechse auf Mallorca und Menorca, den beiden Hauptinseln dieser Gruppe. Hier gibt es nur einige Eidechsen anderer Arten, die offenbar durch den Schiffsverkehr eingeschleppt wurden. Auf den kleinen Inseln, die um diese Hauptinseln herum liegen und manchmal nichts anderes als Felsklippen sind, finden wir erstaunlich verschiedene Rassen der Baleareneidechse. Auf der winzigen Insel Ratas in der Hafenbucht von Máhon auf Menorca lebt die Rasse *Podarcis lilfordi rodriquezi.* Sie ist grün oder braungrün mit dunklen Längsstreifen. Die Zwergrasse auf der Insel Nitge *(P. l. fenni)* hat eine dunkelolivgrüne Ober- und eine rötlich-braune Unterseite. Die etwa 1 km lange und 400 m breite Insel Aire wird von der kräftig gebauten *P. l. lilfordi* bewohnt. Diese Tiere sind bis auf den ultramarinblauen Bauch schwarz.

Die Oberseite der auf der Hauptinsel der Pityusen, Ibiza, lebenden Eidechse *Podarcis pityusensis pityusensis* ist grün oder bräunlich. Auf den kleinen Nachbarinseln von Ibiza finden wir wiederum die verschiedensten Farbschläge. Hier wie auf vielen anderen kleinen Mittelmeerinseln gibt es häufig mehr oder weniger verdunkelte Rassen. Diese Neigung, sich zu verdunkeln, nimmt offenbar mit der Kleinheit und dem Alter der Inseln zu.

Ein besonders eindrucksvolles Beispiel kennen die Zoologen von Capri. Auf dieser Insel kommt eine grüne Rasse der Eidechse *Lacerta sicula* vor. Auf dem äußersten der drei unmittelbar vor der Küste Capris gelagerten Faraglionefelsen lebt hingegen die blauschwarze *L. s. coerulea.*

Mit der Neigung vieler Inseltiere, sich zu verdunkeln, wollen wir uns in einem späteren Abschnitt befassen. Jetzt geht es nur darum, daß bei wirkungsvoller räumlicher Trennung sehr oft deutlich verschiedene Rassen dicht nebeneinander leben.

Diese Eidechsen sind keineswegs Ausnahmen. Die Insel Bioko (früher Fernando Póo), die heute 35 km vor der westafrikanischen Küste liegt, war bis vor 12 000 bis

Variation des Fliegenschnäppers Monacha castaneo-venertis auf den Salomonen. Die Farben der Inseln geben an, welche Rasse auf ihnen lebt. Unter dem Farbkleid des ersten Vogels verbergen sich zwei Rassen.

15 000 Jahren Bestandteil des afrikanischen Festlands. Sie wurde erst zur Insel, als durch das Schmelzen der Gletscher am Ende der Eiszeit der Meeresspiegel allmählich anstieg. Auf dieser kontinentalen Insel leben daher viele Säugetiere des benachbarten Festlands. Jedoch bilden rund 30 % ihrer Arten hier besondere Rassen. Entsprechendes gilt für die Vögel auf Bioko.

Neuguinea ist zwar eine Insel, hat aber die Ausmaße eines kleinen Kontinents, der – auf die Karte von Europa projiziert – von England bis zum Schwarzen Meer reichen würde. Hier bildet der blau und rot gefiederte Nymphenliest *Tanysiptera galatea*, ein Verwandter unseres Eisvogels, nur drei einander sehr ähnliche Rassen *(gala-*

tea, meyeri, minor), obwohl die Lebensbedingungen auf Neuguinea durchaus nicht überall gleich sind. Die Rassen benachbarter Inseln unterscheiden sich aber so deutlich von den »Festland«vögeln, daß manche schon für besondere Arten gehalten wurden. Es sind dies die Rassen *vulcani, rosseliana, riedelii, carolinae* und *ellioti.* Diese stark abweichenden Rassen entwickelten sich, obgleich sich Klima und Pflanzenwuchs der Inseln kaum vom jeweils benachbarten Küstenstrich unterscheiden.

Die Rassen der Riesenschildkröte, die Darwin auf den Galápagosinseln fand, und die dort lebenden ungewöhnlichen Finken wurden schon erwähnt. Die Finken hatte Darwin anfänglich gar nicht besonders beachtet; denn ihr Gefieder ist recht unscheinbar, auch singen sie nur kümmerlich. Dennoch schoß Darwin etliche dieser Vögel. Zu seinem Erstaunen erklärte ihm der bedeutende Vogelkenner John Gould, dem er die Bälge zur wissenschaftlichen Bearbeitung überlassen hatte, daß manche Finken verschiedener Inseln, obgleich sie einander sehr ähnlich sind, zu unterschiedlichen Arten gehören. Diese Auskunft Goulds war für Darwin insofern wichtig, weil er nun annehmen mußte, daß aus den Nachkommen der ersten Siedler auf den Galápagos nicht nur – wie bei den Schildkröten – neue Rassen, sondern sogar neue Arten entstanden waren.

Die Geospizinae werden heute meist Darwinfinken genannt. Sie bilden eine Unterfamilie der Finken (Fringillidae) und kommen nur auf den Galápagos vor. Allein eine der 14 Arten, der Kokosfink *(Pinaroloxias inornata),* lebt auf der beinahe 1 000 km nordöstlich dieser Inselgruppe gelegenen Cocosinsel. Besiedelt eine Art mehrere Inseln, so ist sie gewöhnlich noch in Rassen oder Unterarten gegliedert. Die meisten, nämlich acht, entwickelte der Laubsängerfink *(Certhidea olivacea).*

Darwinfinken von den Galápagos: Geospiza magnirostris (a), G. fortis (b), G. fuliginosa (c), G. difficilis (d), G. scandens (e), G. conirostris (f), Camarhynchus crassirostris (g), C. psittacula (h), C. pauper (i), C. parvulus (j), C. heliobates (k), C. pallidus (l), Certhidea olivacea (m) und Pinaroloxias inornata (n) von der Cocosinsel. Gezeigt sind nur die Männchen.

a
b
c
d
e
f
g
h
i
j
k
l
m
n

Im großen und ganzen sind die Darwinfinken einander recht ähnlich. Sie bauen alle geschlossene voluminöse Nester und legen weiße, zartrosa gesprenkelte Eier – meist vier pro Gelege. Allerdings haben diese Vögel ungemein verschiedene Schnäbel – auch solche, die wir sonst bei Finken nicht finden. Dementsprechend unterscheiden sie sich in ihrer Lebensweise. Einige fressen wie andere Finken Samen, andere leben vom Gewebe der Kaktusstengel. Manche Arten – wie der erwähnte Laubsängerfink – ernähren sich von Insekten. Am merkwürdigsten ist der Spechtfink *(Camarhynchus pallidus)*, der ebenso wie unsere Spechte sogar an senkrechten Baumstämmen umherläuft und mit seinem kräftigen geraden Schnabel Insekten freilegt. Da ihm die lange klebrige Zunge der Spechte fehlt, nimmt er einen Kaktusstachel in den Schnabel, stochert damit in dem Loch oder Spalt und zieht damit das Insekt hervor. Gibt es in der Nähe keine Kakteen, dann bricht er sich von einem Baum oder Busch einen kleinen Zweig ab. Der Spechtfink ist also nicht nur ein Werkzeug benutzender, sondern sogar ein Werkzeug produzierender Vogel!

Die für Finken ungewöhnlichen Schnäbel und Methoden der Nahrungsgewinnung sollen uns jetzt noch nicht weiter interessieren, sondern allein die Tatsache, daß aus den Nachkommen des ersten Finken, der sich auf den Galápagos ansiedelte und fortpflanzte, relativ rasch mehrere Arten entstanden, die wiederum in besondere Rassen zerfielen.

Auf allen größeren Inseln leben mehrere Darwinfinken – auf Albemarle, James und Indefatigable je zehn, auf Charles und Abingdon je acht usw. Spricht das nicht dagegen, daß die 13 Arten auf den Galápagos deshalb entstanden, weil die Neuankömmlinge auf den einzelnen Inseln von ihren Stammformen getrennt waren? Sollten nicht auch innerhalb einer Insel, ohne neue Zuwanderer von außen, mehrere Arten entstehen?

Diese Möglichkeit wurde auch hin und wieder bis in die jüngste Zeit hinein erwogen. Vermutlich erklären sich die verschiedenen Finken, die auf manchen Inseln nebeneinander vorkommen, aber einfach dadurch, daß die Inseln in größeren Abständen mehrfach besiedelt wur-

Spechtfink (Camarhynchus pallidus)

den. Wenn sich die ersten Siedler nicht mehr mit ihren Vorfahren kreuzten, dann waren auch spätere Neuankömmlinge der Stammart von den ersten Einwanderern reproduktiv isoliert und begannen nun ihrerseits einen eigenen Entwicklungsweg einzuschlagen.

Natürlich entstanden nicht alle Darwinfinken auf der Insel, auf der sie leben; denn die meisten Arten kommen ja auf mehreren Inseln vor. Die Tatsache, daß sie dann oft in verschiedene Rassen zerfallen, zeigt aber auch hier, daß die Trennung durch das Wasser gesonderte Entwicklungen begünstigt.

Gegen die Vermutung, Arten könnten auch ohne räumliche Trennung entstehen, spricht, daß auf der von den Galápagos weit entfernten Cocosinsel nur ein einziger Darwinfink lebt, während es innerhalb des Archipels mindestens drei pro Insel sind. Offenbar wurden nur einmal Darwinfinken nach der abseits gelegenen Cocosinsel verschlagen, deren Nachkommen die heutigen Kokosfinken sind. Könnten sich auf einer kleinen Insel aus einem Vorfahren mehrere Arten bilden, so hätte das auch hier geschehen sollen.

Schwieriger ist die Frage zu beantworten, warum außer auf den Hawaii-Inseln auf keinem weiteren ozeanischen Archipel eine vergleichbare Entwicklung endemischer – nur auf diesen Inseln vorkommender – Vogelarten erfolgte.

Die Azoren, die Kanarischen und die Kapverdischen Inseln sollten dafür eigentlich günstige Voraussetzungen bieten. Aber vielleicht können sie viel zu leicht vom Festland her erreicht werden. Möglicherweise gab es auf ihnen sogar einmal endemische Formen, die später von den jetzt dort zahlreich vorhandenen jüngeren Einwanderern verdrängt wurden, wie es heute beispielsweise mit vielen neuseeländischen Vögeln geschieht.

Gibt es genetische Revolutionen?

Warum unterscheiden sich kleine, vom Hauptareal der Art getrennte Populationen, wie es Bewohner von Inseln sind, oft so deutlich von ihren Artgenossen?

Allein die räumliche Trennung von ihren Verwandten auf dem Festland kann nicht der Grund solcher Unterschiede sein; denn wenn das Areal einer Tierart in zwei oder mehrere große Gebiete zerfällt, dann entwickeln sich zwischen den Bewohnern dieser Teilareale gewöhnlich erst in langen Zeiträumen erkennbare Unterschiede.

Offenbar ist es auch wichtig, daß die abgesprengte Gruppe – wenigstens anfänglich – klein ist. Wie sich das auf die Eigenschaften der betreffenden Tiere auswirkt, läßt sich durch die Hypothese von der genetischen Revolution verstehen, die der in Deutschland geborene und heute in den USA lebende Ornithologe und Evolutionsforscher Ernst Mayr entwickelte.

Da oft nur sehr wenige Individuen in das Isolat gelangen – schon ein einziges befruchtetes Weibchen kann im Extremfall eine Insel bevölkern –, finden wir in der neuen Population nicht alle Erbanlagen der Gesamtart. Würden beispielsweise nur zwei gelbe Hainschnecken auf ein Eiland verschlagen, dann fehlten in der aus ihrer Nachkommenschaft gebildeten Population die sonst fast überall vorhandenen Anlagen für braune und rosafarbene Schneckengehäuse. Aber selbst von den Allelen – den Zustandsformen der Gene –, die mit den Gründern auf die Insel kommen, gehen besonders in den ersten Generationen, wenn die neue Population noch klein ist, viele verloren. Wäre beispielsweise einer der beiden Gründer einbändrig und die andere Schnecke mit mehr als einem schwarzen Band auf dem gelben Gehäuse versehen, dann könnte es passieren, daß alle geschlechtsreifen Nachkommen dieses Paares zufällig mehrbändrige Schnecken sind. Damit wäre auch die Anlage für Einbändrigkeit für die Insel verloren, alle Schnecken trügen das alternative Allel dieses Gens und hätten mehr als ein Band.

Natürlich würde die Nachkommenschaft eines solchen Schneckenpaares gewöhnlich sowohl aus ein- als aus mehrbändrigen Schnecken bestehen. Aber genauso wie es oft der Zufall will, daß die Kinder eines menschlichen Elternpaares entweder alle Jungen oder ausschließlich Mädchen sind, so kann es auch mit anderen Merkmalen passieren, daß nur eine Anlage von zwei oder mehreren in die Nachkommenschaft eines Paares gerät. Auch wenn mehrere, aber wenige Elternpaare vorhanden sind, können seltene Anlagen ganz verlorengehen.

Nun haben Schnecken – wie viele andere Tiere – mehr Nachkommen als Menschen, wodurch die Wahrscheinlichkeit sinkt, daß alle Nachkommen eines Paares von zwei alternativen Anlagen – nennen wir sie a und A – entweder alle die Anlage a oder die Anlage A tragen. Dieser Unterschied wird aber dadurch wieder ausgeglichen, daß von den jungen Schnecken ein nur sehr geringer Prozentsatz die Geschlechtsreife erreicht, während fast alle Menschenkinder, die geboren werden, auch heranwachsen. Unwesentlich ist in unserm Zusammenhang, daß Schnecken Zwitter sind, daß also dasselbe Tier sowohl Eizellen als auch Spermien hervorbringt.

Die besonders in kleinen Populationen auftretenden zufälligen Schwankungen der Häufigkeiten von Erbanlagen, die oft zum völligen Verlust bestimmter Allele führen, bezeichnen wir als genetische Drift.

Welche Allele auf einer bestimmten Insel fehlen, hängt also weitgehend vom Zufall ab. Deshalb unterscheiden sich die Rassen vieler Tierarten auf benachbarten Inseln oft in unvorhersehbarer Weise.

Die Verarmung des Bestandes der Erbanlagen von Inseltieren durch Drift beeinflußt auch die Art und Weise, wie die natürliche Auslese auf Inseln arbeitet; denn es gibt Erbanlagen, die mit vielen anderen und solche, die nur mit wenigen anderen gut zusammenwirken.

Im Hauptareal sind Erbanlagen bevorteilt, die mit vielen anderen harmonieren. Auf der Insel werden sich Allele ausbreiten, die mit den wenigen dort vorhandenen besonders leistungsfähige Tiere entstehen lassen. In unserem Beispiel wären auf dem Festland Erbanlagen begünstigt, die sowohl für braune, rosa und auch gelbe Schnekken vorteilhaft sind. Auf der Insel wären es Allele, die vor allem aus gelben Schnecken ungewöhnlich lebenstüchtige Individuen machten, selbst wenn sie für braune Tiere nachteilig sein sollten.

Mit einem Wort: Der durch Drift herbeigeführte Verlust von Erbanlagen auf den Inseln bewirkt, daß sich die Selektionswerte der verbleibenden Anlagen ändern.

Dazu kommt, daß die Lebensbedingungen auf Inseln oft von denen des Festlands verschieden sind. Auch das ändert die Richtung natürlicher Auslese.

Aus diesen Gründen sollen Drift und Auslese in relativ kurzer Zeit zur völligen »Umkonstruktion« des Allelbestands von Inseltieren führen. Diese genetische Revolution verläuft über eine Phase, in der die Lebewesen nicht optimal angepaßt sind, zu einem neuen Gleichgewichtszustand, in dem Erbanlagen vorherrschen, die miteinander harmonieren und unter den besonderen Lebensbedingungen der Insel vorteilhaft sind.

Die genetische Revolution beeinflußt auch die Gene des Fortpflanzungssystems – also solche, die die Zeit bestimmen, wann Eier oder Spermien reifen, die das Verhalten der Tiere bei der Balz beeinflussen und die es gewährleisten, daß Ei und Spermium so zusammenwirken, daß ein normales lebenstüchtiges Individuum entsteht. Daher bilden sich auf Inseln und in anderen Isolaten nicht nur neue Rassen, sondern auch neue von ihrer Stammform reproduktiv isolierte Arten.

Diese Hypothese Ernst Mayrs ist eine einleuchtende Schlußfolgerung aus bekannten Tatsachen. Sie erklärt überzeugend, warum sich besonders auf kleinen Inseln rasch neue Arten bilden. Andererseits gibt es aber auch Beobachtungen, die dafür sprechen, daß die Veränderungen im Bestand der Erbanlagen während der Rassen- und Artbildung nicht mehr oder weniger sprunghaft, sondern relativ kontinuierlich verlaufen.

Zu diesem Problem haben uns die Taufliegen der Hawaii-Inseln einiges zu sagen. Doch bevor wir hierauf eingehen können, müssen wir erst über die Besonderheiten der Taufliegen und ihre Bedeutung für die Vererbungslehre und die Evolutionsforschung berichten.

Drosophila – das Haustier der Vererbungsforscher

Als sich 1908 der amerikanische Biologe Thomas Hunt Morgan zu Experimenten mit der Taufliege *Drosophila melanogaster* entschloß, gewann er der Vererbungslehre ein Versuchstier, an dem mehrere bahnbrechende Entdeckungen gelingen sollten.

An der Taufliege bewies man endgültig, daß sich die Erbanlagen in den Chromosomen der Zellkerne befinden. Allerdings hatten die Vererbungsforscher hierfür schon an anderen Organismen so zwingende Indizien gewonnen, daß dieser Nachweis keine große Überraschung mehr war.

Sensationell war hingegen die Entdeckung Morgans und seiner Mitarbeiter, daß sich allein aus Kreuzungsexperimenten die Reihenfolge der Gene in den langgestreckten Chromosomen ermitteln läßt. Auf dieser grundlegenden Erkenntnis beruhte dann die gesamte weitere Entwicklung der Genetik.

Schließlich gelang es Herman Muller, einem Schüler Morgans, 1927 erstmalig durch Bestrahlung von Taufliegen mit Röntgenstrahlen Erbanlagen experimentell zu verändern.

Damit hatte die Taufliege aber noch lange nicht ausgedient; denn 1935 erkannten die deutschen Forscher Heitz und Bauer an einer Haarmücke *(Bibio)*, daß die schon seit langem beobachteten Kernfäden in den Zellkernen der Speicheldrüsenzellen der Larven von Mücken und Fliegen riesenhaft vergrößerte Chromosomen sind. Diese Riesenchromosomen gibt es auch bei *Drosophila.* Sie lassen sich im Gegensatz zu den Chromosomen anderer Tiere und Pflanzen ständig und nicht nur während der Kernteil-

Die Taufliege Drosophila melanogaster, darunter 2 Mutanten. Die eine ist schwarz gefärbt, die andere hat Stummelflügel.

lungen beobachten. Im Mikroskop sieht man an ihnen ein deutliches Muster von Querscheiben. Hierin liegen die Gene. An der Taufliege fand man sogar heraus, welche Gene zu welchen Querscheiben gehören. Da sich an den ständig sichtbaren riesenhaften und durch die Querscheiben fein gegliederten Chromosomen der Speicheldrüsen vieles beobachten läßt, was an gewöhnlichen Chromosomen verborgen bleibt, entdeckten die Vererbungsforscher mit ihrer Hilfe zahlreiche wichtige Details der Struktur der Chromosomen und ihrer Arbeitsweise.

Aber nicht nur für die Vererbungslehre, auch für die Evolutionsforschung leistete die Taufliege Wesentliches; denn vor allem an ihr entwickelte sich die Populationsgenetik – die Lehre von der Verteilung und Häufigkeitsänderung von Erbanlagen in Populationen –, mit deren Hilfe wir heute viele Eigenarten stammesgeschichtlicher Vorgänge erklären.

Dieser Forschungszweig entstand in der Sowjetunion. Sein Initiator war Sergej Sergejewitsch Tschetverikov, der gemeinsam mit seinen Schülern die genetische Zusammensetzung freilebender Taufliegenpopulationen untersuchte und wichtige theoretische Schlußfolgerungen aus den Grunderkenntnissen der Mendelschen Vererbungslehre und aus seinen eigenen Beobachtungen zog. Die weitere Entwicklung der Populationsgenetik wurde dann

Riesenchromosomen von Drosophila melanogaster. Mehrere Chromosomen sind in einem Chromozentrum verschmolzen. Genaugenommen ist jedes Riesenchromosom ein Chromosomenpaar. Das sieht man unten rechts, wo das vom Vater und das von der Mutter der Fliege stammende Chromosom sich über eine längere Strecke trennen.

in hohem Maße durch Ergebnisse geprägt, die man an den Riesenchromosomen freilebender und im Labor gehaltener *Drosophila*-Populationen gewann.

Im Verlauf evolutionärer Wandlungen ändert sich nicht allein der Genbestand, sondern auch die Anzahl und vor allem die Struktur der Chromosomen. Diese Änderungen lassen sich an den Riesenchromosomen verfolgen. Besonders häufig beobachtet man sogenannte parazentrische Inversionen, bei denen ein kürzerer oder längerer Bereich des Querscheibenmusters gegenüber der normalen Anordnung um 180° verdreht ist. Die Inversio-

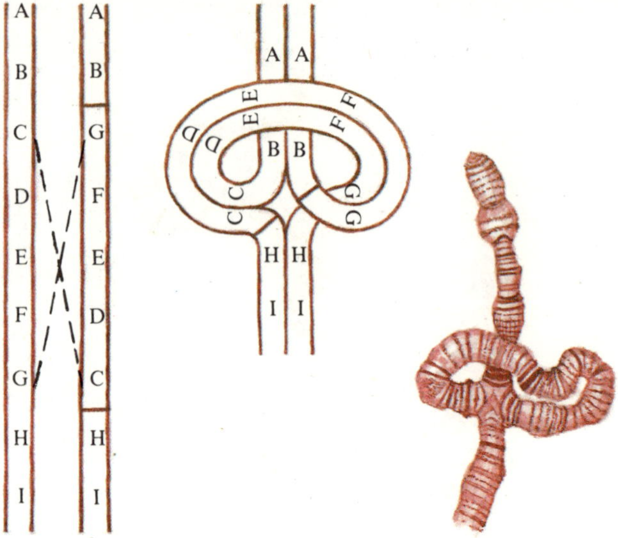

Im rechten Chromosom des Paares ist der Abschnitt C-G invertiert. Das Schema in der Mitte zeigt, wie es möglich ist, daß sich solche Chromosomen, wenn sie in einer Fliege zusammenkommen, durch die Bildung einer Schleife dennoch paaren. Findet man in den Riesenchromosomen solche Schlingen, dann ist das Tier für den betreffenden Chromosomenabschnitt heterozygot.

nen entstehen dadurch, daß bei der Bildung der Keimzellen ein Chromosom an zwei Stellen zerbricht und danach der mittlere Teil wieder verkehrt herum zwischen die beiden Enden eingefügt wird. Oft verheilen solche Brüche nicht wieder, und das Chromosom geht verloren, was gewöhnlich zum Tod der Keimzelle oder der sich aus ihr entwickelnden Fliege führt. Aber auch von den Chromosomen, bei denen der invertierte Abschnitt gut eingeheilt ist, werden viele von der natürlichen Auslese nicht toleriert. Enthält das verdrehte Stück die Stelle, die das Chromosom in seine beiden Schenkel trennt und an der bei dessen Teilung die Spindelfaser ansetzt, die das Chromosom zur Mitte oder an die Pole des Zellkerns zieht, dann wird, wenn sich bei der Reduktionsteilung das veränderte Chromosom mit einem solchen mit normalem Querscheibenmuster paart, die Keimzellenbildung gestört.

Toleriert werden nur solche Inversionen, die neben der Spindelansatzstelle liegen. Solche parazentrische Inversionen finden wir daher sehr häufig in den Chromosomen vieler *Drosophila*-Arten. In einigen Populationen der südamerikanischen Taufliege *Drosophila willistoni* entdeckte man über 40 verschiedene Inversionen neben einem »Standard«bandenmuster. Auch dies ist, wie die nebeneinander lebenden gelben, rosa und braunen Hainschnekken, eine Form des Polymorphismus.

Identische Inversionen stammen immer vom gleichen Vorfahren ab; denn es ist so gut wie ausgeschlossen, daß ein bestimmter Chromosomentyp wiederholt gleichzeitig an zwei gleichen Stellen zerbricht. Die Orte dieser vielleicht schon jahrtausendealten Bruchstellen bilden heute die Grenzen der im mikroskopischen Präparat sichtbaren Inversionen.

Vergleichen wir die Querscheibenmuster verschiedener Taufliegenarten, dann sehen wir, wie viele Inversionsvorgänge nötig waren, damit das eine aus dem anderen hervorging. Allerdings läßt sich nur sagen, durch wieviel Inversionen sich die Chromosomen unterscheiden. Wir wissen aber nicht, welches das ursprüngliche und welches das neuentstandene Querscheibenmuster ist. Unterscheiden sich beispielsweise die Arten A und B durch drei Inversionen in einem bestimmten Chromosom und die Art C von B durch zwei weitere, dann ergibt sich die Reihenfolge A – B – C. Auf welchem Wege diese Reihenfolge entstand, ist ungewiß; denn es gibt hierfür drei Möglichkeiten: A → B → C, A ← B ← C und A ← B → C. Nur wenn wir durch irgendeinen besonderen Umstand erfahren, welches die ursprüngliche Form des Chromosoms gewesen sein muß, können wir die Richtung der Chromosomenentwicklung genau bestimmen.

Merkwürdigerweise gibt es Taufliegenarten, die einander sehr ähnlich sind, deren Chromosomenmuster aber kaum noch Gemeinsamkeiten haben, während andererseits recht verschiedene Fliegen noch sehr ähnliche Riesenchromosomen aufweisen.

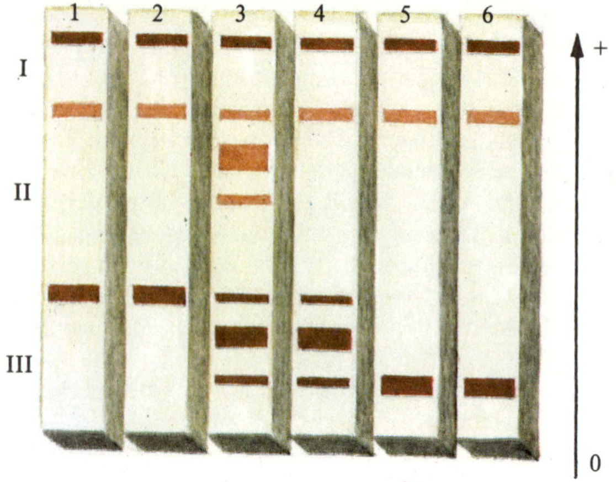

Ergebnis der Elektrophorese der Glutamat-Oxalat-Transaminasen des nordamerikanischen Sonnenfisches (Lepomis macrochirus). Die Gene I, II und III kodieren diese Enzyme. Vom Gen I ist nur ein Allel in der Population vorhanden; die Elektropherogramme aller 6 Individuen zeigen nur eine Linie im gleichen Abstand vom Startpunkt 0. Für das Gen II ist das dritte Individuum heterozygot. Daher sind drei Linien vorhanden. Für das Gen III sind das 3. und 4. Tier heterozygot, die übrigen für jeweils eins der beiden Allele homozygot. Dieses Verfahren wurde erstmals bei einer Taufliege angewandt.

Die Populationsgenetik beschränkt sich keineswegs auf die Untersuchung von Drosophilen, sondern beschäftigt sich mit den verschiedenartigsten Lebewesen. Aber erst in jüngerer Zeit erhielt sie nochmals starke Impulse durch eine Arbeit an der Taufliege – allerdings nicht an *Drosophila melanogaster*, sondern der Art *D. pseudoobscura.* Die amerikanischen Forscher Richard Lewontin und John Hubby trennten 1966 lösliche Enzyme dieser Fliege mittels Gel-Elektrophorese. Sie fanden, daß sich die verschiedenen Formen eines Enzyms nach den Mendelschen Regeln vererben. Diese Entdeckung löste eine Flut ähnlicher Untersuchungen an allen möglichen Tieren aus. Die wesentlichste hierdurch gewonnene Erkenntnis, die sich schon Lewontin und Hubby an der Taufliege offenbarte und sich dann an anderen Arten bestätigte, ist, daß natürliche Populationen genetisch viel variabler sind, als man bisher annahm.

Enzyme sind unmittelbare Genprodukte und geben daher einen relativ unverfälschten Eindruck vom Zustand der Erbanlagen. Erhielt ein Tier sowohl von seinem Vater als auch von seiner Mutter her genau die gleiche Anlage für ein Enzym, dann findet sich nach der Elektrophorese nur eine Linie in dem Gel, worin das Enzym unter dem Einfluß des elektrischen Stroms wanderte. Sind die Gene der Eltern aber nur wenig verschieden, dann bilden sich auch zwei verschiedene Enzyme. Sie bewegen sich unterschiedlich schnell, werden daher getrennt und bilden schließlich zwei Linien. Diese anfänglich unsichtbaren Enzymlinien weist man durch eine Farbreaktion im Gel nach, die durch das Enzym katalysiert wird, also nur dort einsetzt, wo sich die Enzymlinie befindet.

Das Nebeneinander verschiedener Anlagen für das gleiche Enzym ist wiederum eine Form des Polymorphismus. Es ist heute eines der größten Probleme der Populationsgenetik, wodurch dieser Enzympolymorphismus entsteht und erhalten wird. Wir wissen nicht einmal, wieweit die verschiedenen Formen der gleichen Enzyme unterschiedlich funktionieren oder ob es gewöhnlich für ein Tier unwesentlich ist, welche Form eines bestimmten Enzyms es in sich trägt.

Ähnlich wie man an den Riesenchromosomen Verwandtschaftsbeziehungen von Taufliegen ermittelt, kann man das auch durch den Vergleich ihrer Enzympolymorphismen. Man erhält so ein Maß für genetische Ähnlichkeiten oder Unterschiede, das sich an den üblichen Körpermerkmalen nicht gewinnen läßt.

Der bisher letzte Höhepunkt der *Drosophila*-Forschung war die Entdeckung einer unerwartet großen Artenvielfalt auf den Hawaii-Inseln und die Untersuchung der Frage, wie diese wohl entstanden sei. Denn auf diesen relativ kleinen Inseln lebt mit rund 300 Arten etwa ein Drittel aller Taufliegen, die es überhaupt auf der Erde gibt.

Artbildung bei den Taufliegen von Hawaii

Die Hawaii-Inseln bilden eine Kette, die sich über die gewaltige Strecke von 2 500 km in nordwestlich-südöstlicher Richtung im Pazifik erstreckt. Wie die Galápagos sind auch sie vulkanischen Ursprungs, liegen aber viel weiter vom Festland entfernt. Bis San Francisco sind es rund 4 800, bis zum nächsten Punkt auf dem asiatischen Festland etwa 3 200 km. Die nordwestlichen Inseln tauchten vor mehr als 10 Millionen Jahren aus dem Meer. Ihre Vulkane sind schon lange erloschen, ihre Lavakegel bis auf niedrige Reste verwittert. Einige verschwanden völlig. Wir erkennen sie nur noch an den Atollen, die auf ihren Rücken emporwuchsen.

Diese verwitterten niedrigen Inseln interessieren uns jetzt nicht; denn dort leben im Gegensatz zu den großen südöstlichen Inseln keine Drosophilen mehr. Die am weitesten nordwestlich gelegene große Insel ist Kauai. Sie entstand vor 5,6 bis 3,8 Millionen Jahren. Dann folgt Oahu, die etwas jünger ist. Die weiter in südöstlicher Richtung folgenden drei großen Inseln Molokai, Lanai und Maui erschienen vor rund 1,5 Millionen Jahren. Während der Eiszeit – als viel Wasser in den Gletschern gebunden war und der Meeresspiegel deshalb erheblich tiefer lag als heute – waren sie wiederholt zu einer einzigen Insel verschmolzen. Die jüngste Insel ist schließlich Hawaii selbst. Sie ist etwa 160 km lang, 100 km breit und etwa 700 000 Jahre alt. Drei ihrer fünf großen Vulkane mit den polynesischen Namen Mauna Loa (4171 m), Kilauea (1247 m) und Hualalai (2520 m) waren noch während der vergangenen beiden Jahrhunderte zu verschiedenen Zeiten tätig.

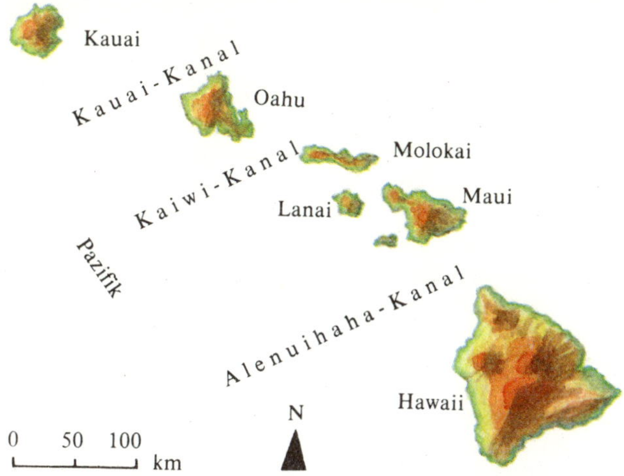

Die Hauptinseln des Hawaiiarchipels

Diese geologischen Erkenntnisse interessieren uns deshalb, weil sie eine gewisse Vorstellung davon ermöglichen, in welchen Zeiträumen die hawaiischen Taufliegen etwa entstanden. Außerdem geben sie Aufschluß über die Richtung der Entwicklung; denn wir können annehmen, daß die auf den zuletzt gebildeten Inseln lebenden Arten auch zuletzt entstanden – also die jüngsten sind.

Durch stetige nordöstliche Winde herangeführte Luft staut sich an den Bergen, wird emporgedrückt, kühlt sich ab und erzeugt ergiebige Niederschläge, so daß die nordöstlichen Hänge dieser Inseln mit tropischem Regenwald bedeckt sind. Da auch in jüngerer Zeit immer noch Lavaströme aus den Kratern hervorquollen, ist dieser Wald oft in kleinere Stückchen – die sogenannten Kipukas – zergliedert, die durch unfruchtbare Lavafelder voneinander getrennt sind.

In den Wäldern und Kipukas, in denen die Drosophilen leben, wachsen vor allem Baumfarne der Gattung *Cibotium* und Eisenholzbäume *(Metrosideros)*. Viele Taufliegen legen ihre Eier in faulende Blätter, Zweige oder Wurzeln von *Cheirodendron*- und *Tetraplasandra*-Bäumen aus der Familie der Araliaceen sowie in Blätter, Zweige oder Früchte der baumförmigen Lobeliacee *Clermontia* ab.

Da sich herausstellte, daß überraschend viele *Drosophila*-Arten die Hawaii-Inseln bevölkern, begann sich im Sommer 1963 eine Gruppe amerikanischer Forscher intensiv mit diesen Fliegen zu beschäftigen – alles erfahrene Fachleute, die schon viele Jahre lang mit Taufliegen gearbeitet hatten. Dennoch stießen sie hier auf ganz erhebliche Schwierigkeiten, die sie aber durch Ausdauer, Geschick und mit etwas Glück bald überwanden.

Vieles von dem, was sonst für alle übrigen Drosophilen der Welt zutrifft, gilt nämlich nicht auf Hawaii. Die hawaiischen Fliegen gedeihen nicht auf den bewährten Kulturmedien, legen darauf keine Eier und bleiben außerdem oft am feuchten Futterbrei kleben und verenden.

Die überall erfolgreich verwendeten Köder – z. B. gärende Bananen – lassen die hawaiischen Taufliegen kalt. Hat man doch einmal ein paar Fliegen angelockt und will sie einfangen, dann steigen sie nicht, wenn man das Gefäß mit dem Köder ein wenig schüttelt, ins Fangnetz empor, wie sonst überall in der Welt, sondern lassen sich auf den Köder fallen, kleben fest und werden beschädigt. Aus diesem Grund fängt man auch heute noch viele Drosophilen dieser Inseln mit Schlagnetzen.

Außerdem kopulieren die hawaiischen Fliegen nicht am Futter, sondern – auch das ist eine ihrer Besonderheiten – an etwas von der Nahrungsquelle entfernten Balzplätzen.

Den Forschern gelang es aber bald, geeignete Kulturmedien und Köder zu finden. Auch mit den übrigen Besonderheiten dieser Fliegen, die deren Erforschung erschweren, wurden sie mehr oder weniger fertig.

Natürlich bildete zu Beginn der Arbeit auch die Artenfülle ein Problem; denn damals waren nur die wenigsten der heute bekannten Arten schon beschrieben. Nur ein Mitarbeiter der Gruppe konnte diese Fliegen überhaupt bestimmen.

Die Zoologen fanden, daß – verglichen mit den Taufliegen der übrigen Welt – die Drosophilen der Hawaii-Inseln nicht nur in ihrem Verhalten, sondern auch in ih-

Drosophila grimshawi und D. conspicua neben einer »normalen» kontinentalen D. melanogaster

rem Körperbau abnorm sind. Viele werden ungewöhnlich groß, einige haben merkwürdig geformte Beine und Mundwerkzeuge, manche auch stark verbreiterte Köpfe, so daß die Augen fast auf Stielen sitzen. Besonders auffällig sind die Männchen, während die Weibchen mehr typischen Taufliegen gleichen.

Eine große Gruppe – zu der rund 110 Arten gehören – trägt gemusterte Flügel mit braunen Flecken auf klarem Grund. Auch das ist für Taufliegen ungewöhnlich. Diese Fliegen erhielten den Namen Bilderflügelgruppe.

Die hawaiischen Taufliegen neigen also wie die Galápagosfinken dazu, solche Formen zu bilden, wie wir sie innerhalb der jeweiligen Gruppe auf den Festländern nicht finden.

Besonders aufschlußreich erwies sich die Untersuchung der Riesenchromosomen hawaiischer Fliegen. Es zeigte sich, daß die Chromosomen einer Untereinheit der Bilderflügelgruppe – der *primaeva*-Untergruppe – den Chromosomen der koreanischen Verwandten von *Drosophila robusta* recht ähnlich sind. Interessanterweise leben die Fliegen der *primaeva*-Untergruppe alle auf Kauai – also der nordwestlichsten und damit ältesten der großen Inseln. Offensichtlich gelangte der Vorfahr aller Hawaii-Fliegen einmal von Asien her auf eine der nordwestlichen Inseln – nicht unbedingt nach Kauai, sondern vielleicht auf eines der kleinen Eilande, die heute keine Taufliegen mehr beherbergen. Aber die Fliegen der *primaeva*-Unter-

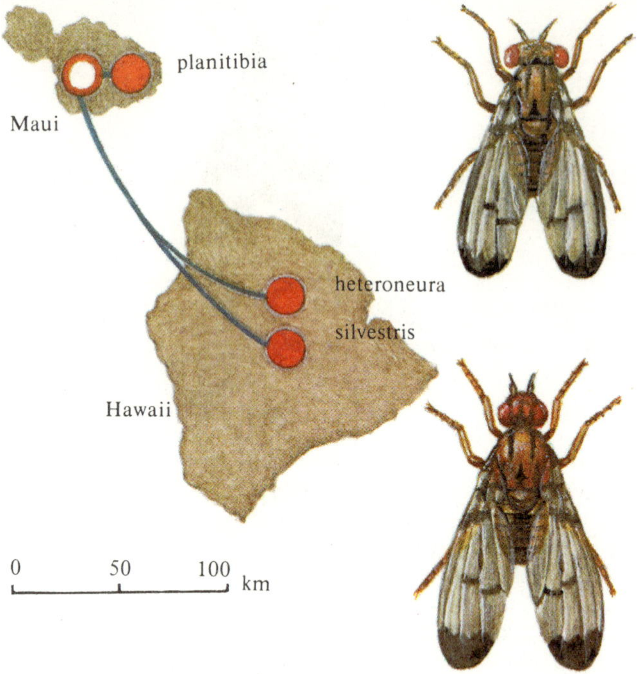

Vermutliche Entstehung von Drosophila heteroneura und D. silvestris auf Hawaii aus einem eingewanderten Vorfahren von Maui, der dort D. planitibia hervorbrachte. Die farbigen Vorlagen für die Zeichnungen der hawaiischen Taufliegen verdanken wir Herrn Dr. Kenneth Kaneshiro, Honolulu.

gruppe von Kauai sind die in ihrer Chromosomenstruktur noch am wenigsten veränderten heute lebenden Nachkommen dieses Einwanderers.

Alle Bilderflügel-Fliegen haben sechs Chromosomenpaare. Fünf dieser Paare wurden inzwischen bei 103 der 110 Arten eingehend untersucht. Die Unterschiede, die man in den Querscheibenmustern aller Chromosomen fand, entstanden durch insgesamt 213 parazentrische Inversionen. Von diesen 103 Arten leben 100 jeweils nur auf einer Insel. Dabei wertet man Lanai, Molokai und

Maui nur als *eine* Insel. Wir hatten ja schon erwähnt, daß sie in der Vergangenheit miteinander verbunden waren.

Da wir mit ziemlicher Sicherheit wissen, daß das Chromosomenmuster von *D. primaeva* oder einer mit ihr verwandten Art das ursprünglichste ist, können wir auf den Hawaii-Inseln auch die Richtung des Verlaufs der Chromosomenänderungen recht genau verfolgen, was sonst selten einmal gelingt.

Auf diesem Archipel haben manche deutlich getrennte *Drosophila*-Arten, die sich also unter gewöhnlichen Umständen nie mehr kreuzen, noch identische Chromosomenmuster – sie sind homosequent, wie die Fachleute sagen.

Homosequente Arten sind z. B. *Drosophila planitibia* auf Maui und *D. silvestris* sowie *D. heteroneura* von Hawaii. Offensichtlich kamen zweimal Individuen der Art *planitibia* – oder ihres Vorfahren – von Maui zum benachbarten Hawaii. Einmal entstand die Art *silvestris*, das andere Mal die Art *heteroneura*. Daß etwa umgekehrt die Vorfahren von *planitibia* von Hawaii nach Maui verschlagen wurden, ist deshalb unwahrscheinlich, weil Hawaii die jüngere Insel ist, die ihre Taufliegen vorwiegend vom Maui-Komplex her erhalten haben muß.

Vielleicht überquerten aber auch nur einmal Fliegen mit der Chromosomenstruktur von *D. planitibia* die knapp 50 km breite Wasserstraße von Maui nach Hawaii, vielleicht sogar nur ein einziges befruchtetes Weibchen, aus dessen Nachkommen dann beide Arten hervorgingen.

Für die mehrfache Bildung von Taufliegenarten auf einzelnen Inseln war es vermutlich wichtig, daß die von Fliegen bewohnten Wälder auf Hawaii von erstarrten Lavaflüssen durchschnitten sind. So konnten sich in verschiedenen Kipukas unterschiedliche Arten entwickeln. Wie effektiv Lavaflüsse manche Populationen isolieren, erkennen wir daran, daß schon 1,5 km Lava genügen, um den Genfluß zwischen zwei Populationen von *Drosophila silvestris* am Fuße des Mauna Kea weitgehend zu unterbinden.

Daß zwischen beiden Populationen keine Drosophilen hin und her fliegen, zeigt sich an den unterschiedlichen Häufigkeiten verschiedener Inversionen beiderseits des

Lavaflusses; denn andernfalls wären diese Unterschiede nie entstanden oder würden schnell wieder eingeebnet.

Mancher mag sich wundern, daß es innerhalb der Art *D. silvestris* verschiedene Chromosomen gibt, wo er doch eben gerade gelesen hat, daß sogar die drei Arten *D. planitibia, D. heteroneura* und *D. silvestris* alle die gleichen Chromosomenstrukturen haben. Letzteres ist auch richtig, muß aber ein wenig eingeschränkt werden. Es gibt zwar viele Fliegenlarven, an deren Chromosomen wir nicht erkennen, zu welcher Art die Tiere gehören, jedoch finden wir auch Larven, in deren Zellkernen das eine oder andere Chromosom doch die Art des Tieres verrät. Also, neben den allen drei Arten gemeinsamen Chromosomen hat jede Art noch ihre Sonderformen, so daß es innerhalb der Populationen verschiedene Chromosomenstrukturen nebeneinander geben kann. *Drosophila heteroneura* ist allerdings bis auf zwei verschiedene Anordnungen im 3. Chromosom monomorph. In den fünf großen Chromosomen von *D. silvestris* finden sich aber acht verschiedene Inversionen.

Weiterhin fällt an den hawaiischen Drosophilen auf, daß nirgends verschiedene Rassen einer einzigen Art auf mehreren Inseln gefunden werden. In dieser Hinsicht verhalten sich die Taufliegen also anders als die Darwinfinken auf den Galápagos. Hieraus muß man folgern, daß nur sehr selten einmal Fliegen von einer Insel auf eine andere gelangen und daß die neuen Arten sehr rasch entstehen; denn andernfalls sollten wir wenigstens einige Populationen finden, die mit der Artbildung noch nicht ganz fertig wurden und noch als Unterarten oder Rassen zu werten wären.

Alles das deutet auf eine extreme Form der Artbildung durch wenige Gründer hin. Gelangt ein befruchtetes Weibchen auf eine Insel, auf der die betreffende Art noch fehlt, so können sich seine Nachkommen anfänglich ungehindert vermehren. Da jetzt ungewöhnlich viele Fliegen die Geschlechtsreife erreichen, ist die Intensität natürlicher Auslese nur gering. So bleiben auch Taufliegen mit solchen Kombinationen von Erbanlagen erhalten, die unter gewöhnlichen Umständen vernichtet würden. Aus den Nachkommen solcher Fliegen entstehen dann sogar

Tiere mit Genotypen, die es bei ständig hoher Populationsdichte und strenger Auslese nie geben würde. Erst wenn die maximale Populationsdichte erreicht ist, erfolgt zwischen den Fliegen mit den vielen neuen Genkombinationen wieder eine starke Selektion.

Die durch diese Vorgänge herbeigeführten Änderungen zeigen sich am auffälligsten im Artenerkennungssystem der Geschlechter, durch das Männchen und Weibchen einander finden. Die Arten der hawaiischen Taufliegen sind nämlich auch dadurch ungewöhnlich, daß sie, wenn es gelingt, sie unter den abnormen Bedingungen im Laboratorium zu kreuzen, vollkommen lebenstüchtige und fruchtbare Nachkommen hervorbringen. Die Arten werden also allein durch Unterschiede in ihrem Verhalten getrennt. Diese Unterschiede entwickelten sich nicht – wie vermutlich bei vielen anderen Tieren –, weil es ein Vorteil war, nicht mit anderen Arten zu kopulieren, da so hervorgebrachte Nachkommen nur eine geringe Lebenstüchtigkeit oder Fruchtbarkeit haben. Das verschiedene Verhalten bei der Paarung entstand auf Hawaii weniger durch Auslese als vielmehr durch genetische Drift.

Hierauf deutet auch eine andere eigentümliche Tatsache: Obwohl die Männchen von jüngeren Inseln nicht nur mit ihren eigenen, sondern – wenn sie in einem Versuch die Gelegenheit dazu bekommen – auch mit den Weibchen ihrer Stammart zu kopulieren versuchen, gelingt ihnen das gewöhnlich nicht; während andererseits die Männchen der Stammart bei den Weibchen der jüngeren Arten durchaus Erfolg haben.

Dies ist wohl nur so zu verstehen, daß den Männchen bei oder kurz nach der Neubesiedlung von Inseln durch genetische Drift irgendwelche Eigenarten ihres Verhaltensmusters verlorengingen. Nur solche Weibchen, die diese »defekten« Männchen akzeptierten, konnten sich auf den neubesiedelten Inseln vermehren. Es gab aber keinen Grund für sie, die Paarungsbereitschaft mit den Männchen der Stamminsel aufzugeben. Daher kopulieren ihre heute lebenden Nachkommen sowohl mit ihren eigenen als auch mit den Männchen der Stammart. Die Weibchen der Stamminsel wurden jedoch nicht daraufhin ausgelesen, mit den defekten Männchen von den zuletzt besiedelten Inseln zu kopulieren, und sie tun das auch nicht.

Voraussetzung dieser Deutung ist, daß es gewöhnlich die Weibchen sind, die wählen – was aus biologischen Gründen verständlich ist; denn sie können im Vergleich zu den Männchen nur sehr wenige Nachkommen hervorbringen und müssen daher vor allem auf deren Qualität achten, die ja etwa zur Hälfte vom Vater bestimmt wird. Männchen können hingegen durch die Masse ihrer Nachkommen ausgleichen, was sie durch gelegentliche Kopulation mit einem erblich lebensschwachen Weibchen an Qualität bei einigen Nachkommen einbüßen.

Speziell für die Entstehung von *Drosophila heteroneura* und *silvestris* sind zwei weitere Tatsachen interessant. Äußerlich sind beide deutlich verschieden. *Heteroneura* ist etwas kleiner und stärker gelb gefärbt als *silvestris*. Während der Kopf von *silvestris* wie der anderer Taufliegen geformt ist, ist der von *heteroneura* ungewöhnlich breit. Vielleicht haben auch diese Unterschiede etwas mit der Arterkennung zu tun. In ihrem Enzympolymorphismus gleichen sich hingegen beide Arten sehr. Die Unterschiede zwischen ihnen sind kaum größer als diejenigen zwischen Populationen innerhalb einer dieser beiden Arten.

Ähnliches finden wir auch beim Menschen und seinen nächsten Verwandten. Obwohl wir uns im Aussehen, in unseren körperlichen und psychischen Leistungen doch erheblich vom Schimpansen unterscheiden, sind die Unterschiede in den Enzympolymorphismen minimal.

Die elektrophoretisch nachweisbaren Unterschiede der Enzyme scheinen sich oft mit einer gewissen konstanten Geschwindigkeit zu entwickeln, so daß man sie als »molekulare Uhren« benutzt. Nach einer darauf beruhenden Berechnung trennten sich *Drosophila heteroneura* und *silvestris* vor etwa 200 000 Jahren von ihrem letzten gemeinsamen Vorfahren. Dieser Zeitraum war offensichtlich zu kurz, um solche genetischen Unterschiede hervorzubringen, die Bastarde zwischen diesen Arten lebensuntüchtig werden lassen, obgleich wir von anderen Taufliegen wissen, daß das unter Umständen innerhalb weniger Generationen geschehen kann.

Obwohl das Fehlen von Rassen der gleichen Art auf verschiedenen Inseln darauf hindeutet, daß sich die Arten dieser Fliegen sehr rasch bildeten und vermutlich genetische Revolutionen durchmachten, ist die Gesamtheit der interessanten Versuchsergebnisse an den Taufliegen der Hawaii-Inseln doch noch recht widersprüchlich. Warum beispielsweise zeigen sich die Spuren dieser genetischen Revolutionen nicht an den Enzymen dieser Fliegen?

Diese Unstimmigkeiten sind aber kein Grund zu ernsthafter Beunruhigung; denn auch wissenschaftlicher Fortschritt beruht schließlich auf der Überwindung von Widersprüchen.

Was uns die Kleidervögel lehren

Nicht nur Taufliegen, andere Insekten und Schnecken, sondern auch die Kleidervögel (Drepanididae) bildeten auf den Hawaii-Inseln viele neue Arten. Hierauf wollen wir jedoch nicht eingehen; denn diese endemische Familie meisen- bis kernbeißergroßer Singvögel ist noch aus einem anderen Grund höchst bemerkenswert. Ihre Angehörigen sind nämlich an die verschiedensten Verfahren der Nahrungsgewinnung noch weit ausgeprägter angepaßt als die Darwinfinken. Zwar finden wir unter ihnen keine so ausgeklügelte Methode des Insektenfangs wie beim Spechtfinken, dafür sind die Schnäbel der Kleidervögel außerordentlich vielgestaltig.

Unsere Vorstellungen über den Weg, den die Anpassungsvorgänge auf den Hawaii-Inseln nahmen, hängen natürlich davon ab, wie die Vögel aussahen, die einmal hierher verschlagen wurden.

Während die Ornithologen ziemlich sicher sind, daß sich die Darwinfinken aus einem südamerikanischen Finken entwickelten, tappen sie beim Vorfahren der Kleidervögel noch etwas im dunkeln. Einige Forscher sind überzeugt, daß deren Stammart ebenfalls ein Fink war. Nach einer anderen Hypothese stammen die Kleidervögel nicht von einem Samenfresser, sondern von einer Zuckervogelart ab; denn fast alle Kleidervögel – auch diejenigen, die sich von Früchten und Samen nähren – haben die typische röhrenförmige Zunge nektarsaugender Vögel. Ihr Vorderende ist wie bei den südamerikanischen Zuckervögeln (Coerebidae) in hornige Fransen zerfasert.

Zunächst wollen wir uns einige Kleidervögel etwas näher ansehen. Leider kennen wir verschiedene Rassen und

Arten nur noch von wenigen Bälgen aus alten Museumssammlungen; denn durch das Abholzen von Wäldern, eingeschleppte Ratten, wildernde Hauskatzen und vermutlich auch durch Vogelkrankheiten wurden diese Formen vernichtet.

Die Familie der Kleidervögel gliedert sich in zwei Unterfamilien – die Psittacorostrinae, in deren Gefieder grünliche Farbtöne vorherrschen, und in die leuchtend farbig oder mehr oder weniger schwarz gefiederten Drepanidinae.

Unter den Psittacorostrinae gelten die Arten der Gattung *Loxops* als dem ersten Ankömmling noch recht ähnlich. Das sind relativ kleine grünliche bis gelbliche Vögel mit nur leicht gebogenen, schlanken und nur kurzen Schnäbeln. Sie leben vor allem von Insekten und Nektar. Die Schnabelspitzen des Kreuzschnabelkleidervogels *(Loxops coccinea)* stehen leicht gekreuzt. Derartige Schnäbel kennen wir sonst nur noch von den Kreuzschnäbeln, die damit Samen aus Koniferenzapfen holen. Der Kreuzschnabelkleidervogel zieht in ähnlicher Weise Insekten aus Blattknopsen hervor.

Bemerkenswert sind die Halbschnäbler (Gattung *Hemignathus*). Beim gelbgrün gefiederten Smaragdhalbschnäbler *(H. obscurus)*, der möglicherweise heute ausgestorben ist, ist der Unterschnabel fast ebenso lang wie der sichelförmige Oberschnabel. Der des Gelbkehlhalbschnäblers *(H. lucidus)* erreicht nur etwa die Hälfte der Länge des Oberschnabels, ist aber relativ kräftig. Der Smaragdhalbschnäbler benutzt seinen langen Sichelschnabel wie eine Pinzette, wenn er Insekten aus morschem Holz oder unter Baumrinde hervorholt. Der Sammler Perkins, der am Ende des vergangenen Jahrhunderts hawaiische Vögel jagte und ihre Lebensweise erforschte, sah, wie ein geschossener Vogel mit seinem Schnabel in einem Holzspalt hängenblieb, ohne herunterzufallen. Nach Perkins' Beobachtungen ernährt sich dieser Vogel vom Nektar der Blüten baumförmiger Lobeliaceen. Andere Forscher sahen ihn aber nur Insekten fressen.

Während der Smaragdhalbschnäbler nur lockere Baumrindenstücke ablöst, hämmert der Gelbkehlhalb-

Die drei hawaiischen Halbschnäbler. Von oben nach unten: Smaragdhalbschnäbler (Hemignathus obscurus), Gelbkehlhalbschnäbler (H. lucidus) und der Doppelschnabel (H. wilsoni)

schnäbler mit seinem kräftigen Unterschnabel sogar festere Borkenstücke los, die er dann zwischen beide Schnabelhälften nimmt und fortwirft. Auf diese Weise gelangt er auch zu solchen Insekten, die der Smaragdhalbschnäbler nie erreicht.

Am spechtähnlichsten gewinnt der Doppelschnabel *(H. wilsoni)* seine Nahrung. Sein Unterschnabel ist vollkommen gerade und sehr kräftig. Beim Klopfen muß er natürlich den bedeutend längeren Oberschnabel anheben, damit er nicht im Wege ist. Das freigelegte Insekt wird dann mit dem Oberschnabel aufgepickt und hervorgezogen. Diese Art des Klopfens wirkt natürlich etwas grotesk. Dennoch ist sie offensichtlich recht effektiv; denn der Doppelschnabel ist die einzige *Hemignathus*-Art, die man auch heute noch in größerer Anzahl finden kann.

Der Unterschnabel des Gelbkehlhalbschnäblers ist weder als Pinzettenarm – wie beim Smaragdhalbschnäbler – noch als Meißel – wie beim Doppelschnabel – besonders geeignet. Als Pinzettenarm ist er zu kurz, als Meißel ist er zu schwach und zu krumm. Trotzdem hat der Gelbkehlhalbschnäbler bis heute überlebt.

Von den Schnäbeln des Doppelschnabels ausgehend, gibt es mehrere Arten, die mit immer kürzeren Ober- und zunehmend dickeren Unterschnäbeln ausgerüstet sind. Den massigsten Schnabel hatte der heute ausgestorbene Knackerpapageischnäbler *(Psittirostra kona).* Dieser ebenfalls gelbgrüne Vogel fraß vor allem harte, feste Samen, die er mit laut hörbarem Knacken aufbrach. Gelegentlich verzehrte er auch einmal Insekten.

Die bisher genannten Vögel gehören alle zu den Psittacorostrinae. In der anderen Unterfamilie – den Drepanidinae – entspricht den *Loxops*-Arten der ebenfalls nektar- und insektenfressende, auch heute noch häufige Karminkleidervogel *(Himatione sanguinea).* Er ist rot gefiedert mit schwarzen Flügeln und schwarzem Schwanz. Sein schlanker, leicht gebogener Schnabel ist etwa ebenso lang wie sein Kopf.

Die auffallendsten Schnäbel trugen in dieser Unterfamilie die ausgestorbenen Königs- *(Drepanis pacifica)* und Trauerkleidervögel *(D. funerea).* Jedenfalls vom Trauer-

Hawaiische Kleidervögel. Von links nach rechts: Loxops coccinea, Drepanis pacifica und Psittirostra kona

kleidervogel wissen wir, daß er sich von Nektar nährte, den er mit seinem langen gebogenen Schnabel aus Blüten sog.

Soweit die wesentlichsten Tatsachen. Bevor wir darauf eingehen, was sie uns Allgemeingültiges erkennen lassen, sei daran erinnert, daß auch die hawaiischen Taufliegen ungewöhnliche Körperformen und Verhaltensweisen entwickelten. Erwähnt sei auch, daß außer den Schnäbeln der Kleidervögel und Darwinfinken diejenigen der Vangawürger (Vangidae) Madagaskars ebenfalls außergewöhnlich vielgestaltig sind. Und noch eine einschlägige Tatsache: Die ausgestorbenen flügellosen, straußenähnlichen Moas (Dinornithiformes), deren Reste wir auf beiden Inseln Neuseelands finden, bildeten 29 Arten, die zu sieben Gattungen gestellt werden. Die kleinste Art erreichte eine Höhe von 0,8 m, die größte wurde 3,1 m hoch. Einige hatten einen relativ schlanken Körperbau und liefen auf hohen Beinen, andere waren gedrungener. Die Gattung *Pachyornis* wird als ausgeprägt »dackelbeinig« beschrieben. (Vgl. Abb. S. 90) Die Schnäbel der Moas waren ebenfalls recht unterschiedlich geformt.

Warum entwickelten sich gerade auf Inseln – besonders auf Inselgruppen – so oft von ihren Vorfahren deutlich verschiedene Tierformen? Was ist auf den Inseln anders als auf dem Festland?

Sicher war es wesentlich, daß die Besiedler abgelegener ozeanischer Inseln in ihrer neuen Heimat keine Konkurrenten mehr vorfanden. Beispielsweise leben auf den Galápagos außer den Darwinfinken nur noch 13 andere Landvogelarten. Auf den Hawaii-Inseln finden wir neben den Kleidervögeln nur sieben weitere Singvögel.

Weil es auf den Galápagos keine insektenfressenden Vögel gab, besetzten die Finken deren freie »ökologische Nische«. Da auf den Hawaii-Inseln kein Vogel Früchte und Samen verzehrte, entwickelten sich unter den ursprünglich nektarsaugenden Kleidervögeln Arten mit kräftigen Schnäbeln zum Samenknacken. Auch das Angebot von im Holz lebenden Insekten war auf diesen Inseln weitgehend ungenutzt. Deshalb wurde aus dem Unterschnabel des Doppelschnabels ein Meißel.

Wenn das Fehlen von Konkurrenten derartige drastische Entwicklungen auslöst, so heißt das nichts anderes, als daß unter den gewöhnlichen Bedingungen auf dem Festland Entwicklungen, die an sich möglich wären, durch Konkurrenten unterbunden sind. Das bedeutet weiterhin, daß die Anzahl möglicher Entwicklungswege beschränkt ist; denn andernfalls sollten die Organismen auch dann, wenn alle Nahrungsquellen genutzt werden, immer noch irgendwelche neuen Wege finden, ihre Umwelt auf neue vorteilhafte Weise auszubeuten.

Manchen mag es verwundern, daß das Fehlen von Konkurrenten Entwicklungen begünstigt; denn nach der Selektionstheorie Darwins gilt doch der »Kampf ums Dasein« als Motor der Entwicklung.

Wir müssen aber zwei Typen der Konkurrenz unterscheiden – die innerartliche und die zwischenartliche. Nur die innerartliche Konkurrenz führt zur natürlichen Auslese und ist eine Triebkraft von Anpassungsvorgängen. In welche Richtung diese Anpassung verläuft, hängt aber von den anderen Arten ab, mit denen die betreffende Population zusammenlebt. Beispielsweise sind in einer Vogelart, die sich von Samen ernährt, unter gewöhnlichen Umständen diejenigen Individuen selektiv bevorteilt, die relativ gute Samenfresser sind. Fehlen insektenfressende Vögel in ihrem Lebensraum, dann sind aber solche Tiere begünstigt und werden sich verhältnismäßig rasch vermehren, die nicht nur Samen, sondern auch Insekten verzehren.

Zwischenartliche Konkurrenz führt oft dazu, daß sich

Eigenschaften nebeneinander lebender verwandter Arten auseinanderentwickeln. Das wird in der biologischen Fachliteratur mit dem angelsächsischen Ausdruck »character displacement« bezeichnet. Ein Beispiel für solches Auseinanderweichen von Merkmalen sind die Schnäbel der Darwinfinken *Geospiza magnirostris* und *G. conirostris* auf der Insel Tower. Hier sind die Schnäbel von *G. conirostris* deutlich kürzer und schmaler als auf Hood. Das erklärt sich dadurch, daß auf Tower auch *G. magnirostris* vorkommt, der auf Hood fehlt. Offensichtlich sind die Schnäbel von *G. conirostris* deshalb auf Tower kleiner als auf Hood, weil ihre Träger dadurch der Konkurrenz mit dem großschnäbligen Verwandten ausweichen. Das zeigt sich auch daran, daß *G. conirostris* größere Samen – die er auf Hood frißt – auf Tower nicht beachtet.

Ähnliches finden wir bei verschiedenen anderen Darwinfinken und vielen anderen Tierarten, deren Areale sich teilweise überschneiden.

Auch zwischenartliche Konkurrenz fördert also das Entstehen von Unterschieden. Allerdings neutralisieren sich gewöhnlich in den artenreichen Lebensgemeinschaften der Festländer die verschiedensten Konkurrenzdrucke. Erst wenn – wie auf manchen ozeanischen Inseln – bestimmte Mitbewerber um notwendige Ressourcen fehlen, löst ein nur einseitiger Druck rasche und markante Entwicklungen aus.

Da das Fehlen von Konkurrenten wiederholt beschleunigte Entwicklungen in Gang brachte, beruht besonders schnelle Evolution offensichtlich nicht auf besonderen Vorgängen im Innern der Organismen. Sie ist also keine Folge ungewöhnlich häufiger Änderungen der Erbsubstanz der Keimzellen, wie manche Forscher vermuten. Wir haben keinen Grund anzunehmen, solche Mutationen seien auf Inseln häufiger als auf dem Festland. Natürlich ist es nicht ausgeschlossen, daß gelegentlich einmal Steigerungen von Mutationsraten, die sich beispielsweise in natürlichen Populationen von Taufliegen beobachten lassen, Evolutionsvorgänge beschleunigen; denn in Experimenten erwiesen sich Bakterienstämme, in denen ungewöhnlich viele Mutationen auftraten, anderen in ihrer Anpassungsfähigkeit überlegen. Trotzdem liegen die ausschlaggebenden Ursachen für neue Entwicklungen gewöhnlich in der Umwelt.

Wenn das Tempo der Evolution vor allem durch Umwelteinflüsse und nicht durch den Mutationsprozeß bestimmt wird, dann sind für die Entwicklung der Tierwelt auch keine Großmutationen verantwortlich, wie es eine kleine Minderheit der Evolutionsforscher auch heute noch annimmt. In der Vergangenheit wurde diese Hypothese sogar von bedeutenden Wissenschaftlern verfochten. Genannt seien nur der holländische Botaniker Hugo de Vries (1848–1935) und der deutsche Zoologe Richard Goldschmidt (1878–1958). Natürlich wußte Goldschmidt, daß im Tierreich solche Mutanten, die sich von ihren Artgenossen drastisch unterscheiden, fast immer lebensuntüchtige Krüppel sind, aber er glaubte daran, daß gelegentlich – wenn auch nur sehr selten – doch harmonisch entwickelte und fortpflanzungsfähige Großmutanten auftreten könnten. Ein so entstandenes hypothetisches Geschöpf nannte Goldschmidt »hopeful monster« aussichtsreiches Monstrum.

Daß aber auch größere Unterschiede nicht sprunghaft, sondern ganz allmählich entstehen, zeigen die Psittacorostrinae; denn trotz der drastischen Unterschiede der Schnäbel der Gattungen *Loxops, Hemignathus* und *Psittirostra* finden wir sogar unter den heute – bzw. in jüngster Vergangenheit – lebenden Kleidervögeln fast alle denkbaren Zwischenformen. Sie veranschaulichen, auf welche Weise diese Schnäbel in der Vergangenheit einmal auseinander hervorgingen.

Die Artenarmut auf den Inseln

Warum leben auf Inseln oft weniger Arten als auf entsprechend großen Flächen des Festlands? Die Beschäftigung mit dieser Frage führte die Zoologen zu interessanten Erkenntnissen über das Zusammenleben verschiedener Tiere, insbesondere über die Auswirkungen der Konkurrenz zwischen verschiedenen Arten und die Ursachen des Aussterbens.

Viele Arten fehlen einfach deshalb auf bestimmten Inseln, weil sie diese niemals erreichten. Andere waren zwar schon einmal dort, starben aber inzwischen wieder aus. Besonders auf kleinen Inseln verschwinden Arten erstaunlich rasch. Das erkannte der amerikanische Forscher Jared M. Diamond, als er 1969 die Brutvögel der vor der kalifornischen Küste gelegenen neun Kanalinseln untersuchte. Er verglich seine Beobachtungen mit solchen aus dem Jahr 1917 und fand, daß rund ein Drittel der damals vorhandenen Arten jetzt fehlte. Beispielsweise lebten von den zehn Arten, die 1917 auf Santa Barbara brüteten, 1969 dort nur noch drei. Von den 36 Brutvögeln auf Santa Cruz waren noch 30 vorhanden. Dennoch hatte sich die Anzahl der Vogelarten auf diesen Inseln nicht verringert. Die verschwundenen Formen waren durch Neuankömmlinge ersetzt worden. Trotz erheblicher Umwälzungen in ihrer Vogelwelt blieb die Gesamtzahl der Arten dieser Inseln nahezu konstant.

Entsprechendes fanden die Forscher Daniel S. Simberloff und Edward O. Wilson, als sie auf vier winzigen, vor der Küste von Florida gelegenen Mangrove-Eilanden ein »Mini-Krakatau« veranstalteten. Sie ließen über diesen Inselchen Plastzelte errichten und durch einen Schäd-

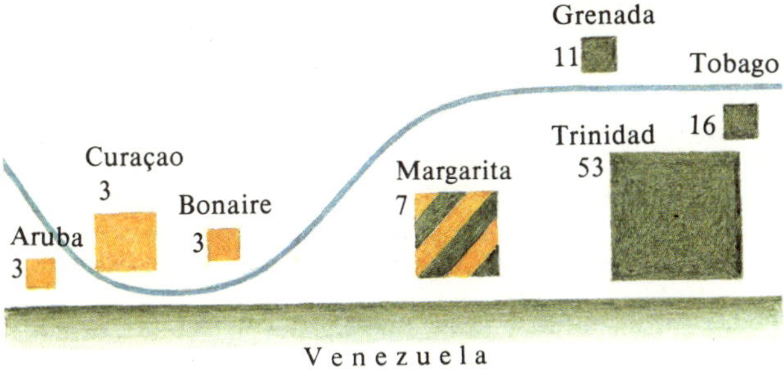

Die Anzahl der Fledermausarten (Zahlen neben den Quadraten) auf den Inseln vor Venezuela wird vor allem von der Fläche der Inseln (Größe der Quadrate) und vom Pflanzenwuchs bestimmt. Der Abstand vom Festland ist in diesem Fall von geringem Einfluß. Die blaue Linie ist die 100-Faden-Linie (183 m), die etwa die Grenze des Festlandsokkels zeigt. Grün: Regenwald, schraffiert: Spuren von Regenwald, gelb: nur Trockenvegetation

lingsbekämpfer alles Tierleben mittels Methylbromid-Gas vernichten. Vorher hatten sie sorgfältig festgestellt, welche Insekten, Spinnen und Tausendfüßer hier vorkamen. Schon innerhalb eines halben Jahres nach der Vernichtung des Tierlebens war die ursprüngliche Artenzahl wieder vorhanden und veränderte sich danach nur noch unwesentlich. Neben einigen der alten bevölkerten jetzt viele neue Gliederfüßer die Inseln. Das schon früher hier lebende Goldauge *Chrysopa collaris* war zwei Monate nach der Vergiftungsaktion wieder da. Hingegen fanden Simberloff und Wilson die Grillenart aus der Gattung *Orocharis* durch eine Grille der Gattung *Cycloptilum* und die Art *Cyrtoxipha confusa* ersetzt.

Zwei Jahre nach der Vergiftung waren einige der Neuankömmlinge bereits wieder durch andere Arten vertreten.

Warum ergänzte sich in diesen und anderen Fällen aber immer nur die Anzahl der verlorengegangenen Arten? Warum besiedeln nicht viel mehr Tiere vom Festland her die Inseln?

Einen Hinweis gibt die Beobachtung, daß ganz allgemein die Zahl der Tierarten mit der Bodenfläche von Inseln zunimmt, daß sie aber mit deren Abstand vom Festland sinkt.

Daß auf großen Inseln gewöhnlich mehr Arten leben als auf kleinen, ist schon deshalb verständlich, weil sich auf großen oft mehr Lebensräume finden. Auf kleinen Inseln gibt es manchmal nur Flachland und keine Berge. Häufig sind sie nur von einer einzigen Pflanzengesellschaft bewachsen – vielleicht nur von Steppe oder nur von Wald. Auf größeren Inseln gibt es oft sowohl Wald als auch Grasland; sie können daher im Gegensatz zu kleinen Inseln Tiere beider Lebensräume beherbergen.

Aber auch wenn sich Inseln vollkommen gleichen, leben doch auf den kleineren weniger Arten als auf größeren. Das liegt einmal daran, daß an den längeren Küsten größerer Inseln mehr aufs Meer getriebene Tiere stranden. Vor allem aber sterben auf größeren Inseln weniger Arten aus als auf kleinen. Beispielsweise verschwand – wie Diamond feststellte – von der 350 km^2 großen Insel Santa Rosa in der Zeit von 1917 bis 1969 nur eine der 14 dort lebenden Arten – also rund 7 %. Von den elf Arten der nur 58 km^2 großen Insel San Miguel fehlten hingegen vier. Das sind immerhin rund 36,5 %. Beide Inseln liegen etwa gleich weit von der kalifornischen Küste entfernt.

Daß innerhalb eines bestimmten Zeitraums auf kleinen Inseln relativ mehr Arten aussterben als auf großen, rührt offenbar daher, daß ihre Populationen viel kleiner sind. Daß kleine Populationen schneller verschwinden als große, hat wiederum folgenden Grund: Die Populationen der meisten Tiere wachsen zeitweilig erheblich an, während sie zu anderen Zeiten stark schrumpfen. In großen Populationen geschieht es verständlicherweise seltener als in kleinen, daß während eines solchen Rückgangs alle Individuen vernichtet werden. Auf einer kleinen Insel, die auch unter optimalen Bedingungen höchstens 20 Kaninchen ernährt, wird es schnell einmal passieren, daß bei ungünstiger Witterung alle Tiere sterben. Auf einer Insel, die 1 000 Kaninchen erhält, werden auch bei zeitweiligem Nahrungsmangel meist einige wenige Tiere überleben, so daß hier die Art die Krise übersteht.

Von solchen Tatsachen und Überlegungen ausgehend, entwickelten Robert H. MacArthur und Edward O. Wil-

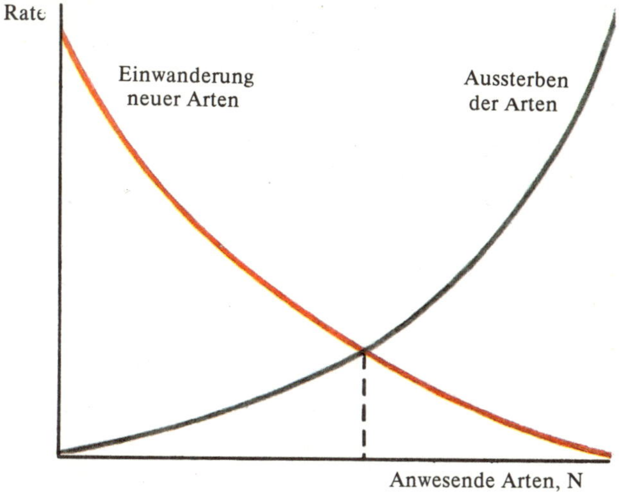

Oben: Während die Anzahl einwandernder Arten auf einer Insel allmählich sinkt, steigt die Anzahl der aussterbenden. Der Schnittpunkt der Kurven bestimmt die Artenanzahl im Gleichgewicht. Unten: Die Anzahl der Arten hängt sowohl von der Größe als auch von der Landferne der Insel ab.

son eine vielbeachtete Hypothese über die Anzahl der Tierarten, die wir auf Inseln finden. Diese wird gewöhnlich durch ein Gleichgewicht von Zuwandern und Aussterben bestimmt. Im Gleichgewicht sterben genauso viele Tiere aus wie hinzukommen. Liegt die Insel nahe dem Festland, dann wandern verständlicherweise viele Tiere ein. Daher gibt es auf küstennahen Inseln, die sich im Gleichgewicht befinden, relativ viele Arten. Der wesentliche Grund dafür, daß bei gleichem Abstand zum Festland größere Inseln mehr Arten beherbergen als kleine, ist, daß nur verhältnismäßig wenige Arten aussterben.

Auf einer anfänglich unbelebten Insel nimmt die Anzahl der Neusiedler zunächst rasch, danach immer langsamer zu. Daß das so sein muß, zeigt eine einfache Überlegung: Nehmen wir an, daß jährlich eine bestimmte Anzahl von Neusiedlern die Insel erreicht, so werden die ersten alle zu Arten gehören, die für die Insel neu sind. In späteren Jahren gehört ein ständig zunehmender Anteil der Neuankömmlinge zu Arten, die sich schon auf der Insel befinden. Andererseits werden zu Beginn der Besiedlung nur wenige Arten aussterben – einfach deshalb, weil es erst wenige Tierarten auf der Insel gibt. Später, wenn die Insel mehr Tiere beherbergt, können auch wieder mehr verschwinden.

Während die Zahl der Neuankömmlinge sinkt, steigt also die Zahl der aussterbenden Arten. Die Kurven beider müssen sich also zu irgendeinem Zeitpunkt schneiden. Dies ist der Gleichgewichtspunkt, der oft für eine lange Zeit die Anzahl der Arten auf der Insel bestimmt.

Allerdings verschwinden mit zunehmender Zeit nach dem Beginn der Besiedlung nicht einfach deshalb mehr Arten, weil nun mehr verlorengehen können. Mit anwachsender Artenzahl steigert sich auch die Konkurrenz zwischen ihnen, was ebenfalls das Aussterben beschleunigt.

Die Konkurrenz führt meist nicht unmittelbar zum Aussterben. Aber wenn beispielsweise eine Insel ursprünglich von einer Art samenfressender Vögel besiedelt wurde und später eine zweite hinzukommt, so müssen sich jetzt beide die vorhandenen Samen teilen. Begrenzt das Samenangebot die Anzahl der Vögel, dann wird jede der Arten nun aus weniger Individuen bestehen als die ursprünglich vorhandene vor der Ankunft der zweiten. Beide werden daher leichter Schwankungen ihrer Populationsstärken zum Opfer fallen.

Nur ein derartiger Ausschluß durch Konkurrenten erklärt, warum auf dem Bismarckarchipel deutlich weniger Vogelarten auf vielen Inseln und viel mehr Arten auf wenigen Inseln vorkommen als auf den abgelegeneren und von weniger Arten besiedelten Salomonen. Noch größer ist der Unterschied zwischen dem Bismarckarchipel und den noch artenärmeren und landferneren Inseln Vanuatus (früher Neue Hebriden), wo viele Arten auf allen Inseln leben und nur wenige auf einzelne Inseln beschränkt sind.

Auf dem dichtbevölkerten Bismarckarchipel halten sich manche Vögel nur auf großen Inseln, während andere auf ganz kleinen abgelegenen eine Zuflucht finden. Auf den artenarmen Inseln Vanuatus konnten sich hingegen wegen des Fehlens von Konkurrenten verhältnismäßig viele Vögel auf den verschiedenartigsten Inseln festsetzen.

Die aus solchen Beobachtungen abgeleiteten Überlegungen wurden von MacArthur und Wilson in eine mathematische Form gebracht. Aus ihren Gleichungen lassen sich bestimmte Folgerungen ziehen, die man dann mit den wirklichen Verhältnissen vergleichen kann.

Natürlich ist manches tatsächlich viel komplizierter als diese einfachen Überlegungen und die hierauf beruhenden oft schon nicht mehr einfachen mathematischen Gleichungen. Beispielsweise entscheidet über die Häufigkeit der Besiedlung einer Insel nicht allein ihr Abstand vom Festland. Wichtig sind auch die Richtung des Windes und der Meeresströmung. Selbstverständlich gelangen mehr Tiere auf eine Insel, wenn sie einem artenreichen Festland gegenüberliegt, und weniger, wenn der Kontinent nur dünn besiedelt ist. Auch unterscheiden sich ja die verschiedenen Tierarten in ihrer Fähigkeit, das Meer zu überwinden.

Dennoch lassen sich viele Beobachtungen gut durch die Theorie von MacArthur und Wilson erklären. Sie gilt nicht nur für die Inseln, sondern auch für langgestreckte Halbinseln. Wie die Abbildung rechts zeigt, nimmt die Anzahl der Heteromyiden – einer Gruppe der Nagetiere – auf der rund 1100 km langen Halbinsel Niederkalifornien vom Festland her bis zur entlegenen südlichen Spitze hin ständig ab. Während wir im Norden zwölf Arten finden, sind es im äußersten Süden nur noch zwei. Das rührt sicher nicht daher, daß sich die Lebensverhältnisse mit zunehmender Entfernung vom Festland allmählich verschlechtern, denn die Halbinsel ist überall gleichmäßig von einer nur spärlich bewachsenen Wüste bedeckt. Der »Halbinseleffekt« ist auch sicher keine Folge davon, daß sich das Klima mit der geographischen Breite veränderte. Wir wissen nämlich von Schlangen, Vögeln und Fledermäusen, deren Artenzahl auf dieser Halbinsel ebenfalls kontinuierlich geringer wird, daß sich auf der entsprechenden Strecke des benachbarten mexikanischen Festlands nach Süden hin sogar zunehmend mehr Arten finden.

Sicher beruht die gegenwärtige Verteilung der Heteromyiden Niederkaliforniens auf einem Gleichgewicht; denn die heutigen Lebensbedingungen entwickelten sich dort schon vor 12 000 Jahren. Innerhalb dieses Zeitraums müßten alle Arten die Spitze der Halbinsel erreicht haben. Wenn die meisten Heteromyiden hier dennoch fehlen, dann offenbar deshalb, weil sie wieder ausstarben.

Aus der Verteilung der Arten auf Niederkalifornien läßt sich mit Hilfe der mathematischen Theorie ermitteln, mit welcher Wahrscheinlichkeit die Nagetierarten die einzelnen Bereiche der Halbinsel erreichen und wie oft sie dort innerhalb einer bestimmten Zeit aussterben. Die Theorie beschreibt also nicht nur bestimmte Erscheinungen, sondern führt auch zu neuen Erkenntnissen.

Daß auf Inseln – besonders auf kleinen – weniger Arten leben als auf entsprechenden Flächen von Festländern, hat eine interessante unmittelbare Auswirkung: Bis aus einem Samenfresser ein Vogel wird, der sich allein von Insekten ernährt und dessen Schnabel durch eine veränderte Struktur der neuen Lebensweise angepaßt ist, vergehen viele tausend Jahre. Aber das Verhalten von Tieren kann sich sofort oder doch in wenigen Generatio-

Die Artenanzahl der Heteromyiden nimmt auf der Halbinsel Niederkalifornien vom Festland her ständig ab.

nen neuen Situationen anpassen. Wir hatten schon den Gestreiften Ameisenwürger erwähnt, der in Panama offene Landschaften bevölkert, auf Puercos aber ein Urwaldvogel ist. Andere Tiere verändern, wenn sie eine Insel besiedeln, nicht einfach ihren Lebensraum, vielmehr dehnen sie ihn aus. Neben ihrem eigenen nehmen sie den der dort fehlenden Tiere ein.

Am Berg Menava auf der großen Insel Neuguinea lebt der Brillenvogel *Zosterops alsifrons* in Höhen von 460 bis 1 070 m, darüber – von 1 070 bis 1 830 m – bevölkert sein Verwandter *Z. fuscicapilla* die Hänge dieses Bergs. Die benachbarte kleine Insel Neubritannien wurde allein von *Z. alsifrons* besiedelt. Daher finden wir diesen Brillenvogel hier bis zum 1 680 m hohen Gipfel des Bergs Talawe.

Im Gegensatz zu den Verhältnissen auf Neuguinea lebt dieser Vogel auf Neubritannien sogar in ganz niedrig liegendem Gelände bis herab zum Meeresspiegel.

Der kleine, farbenprächtige Papagei *Charmosyna placentis* durchstreift die Wälder am Fuß des Talawe in Höhen bis zu 460 m, während *Ch. rubigularis* nur in Höhen von 460 bis zu 1 520 m zu finden ist. Auf Karkar fehlt *Charmosyna placentis.* Daher lebt *Ch. rubigularis* auf dieser kleinen Insel bis herab zum Meer.

Dies sind keine Zufallsbefunde. Von den 52 Vogelarten, die nach Karkar gelangten, dehnten 29 ihren Lebensraum auf die eine oder andere Weise aus oder wurden zumindest in ihrem eigenen Lebensraum zahlreicher als auf Neuguinea. Einige drangen in andersartige Landschaften vor, manche erreichten neue Höhen über dem Meeresspiegel, andere erweiterten die Zone, die sie im Baum- oder Buschwerk über dem Erdboden besiedeln.

Auf kleinen abgelegenen Inseln ist das Nahrungsangebot gewöhnlich einförmiger als auf großen landnahen. Auch das ist offenbar in Verbindung mit zwischenartlicher Konkurrenz ein Grund dafür, daß hier verhältnismäßig wenige Arten leben. Gibt es mehrere Arten aus einer bestimmten Verwandtschaftsgruppe, dann sind es gewöhnlich Tiere, die sich deutlich voneinander unterscheiden, also relativ wenig miteinander konkurrieren. Lebt nur noch eine Art einer Gattung oder Familie auf einer kleinen Insel, dann sind ihre Merkmale (Körpergröße, Schnabelgröße und -form) oft durchschnittlich ausgeprägt, weil sie so ein relativ breites Nahrungsspektrum verwerten kann.

Ein eindrucksvolles Beispiel sind die Brillenvögel (Zosteropidae) auf den nordöstlich von Neuguinea gelegenen Karolinen. Ihre durch die Flügellänge charakterisierten Körpergrößen sind in der Tabelle angegeben. Auf der größten, Neuguinea am nächsten gelegenen Insel Palau gibt es drei Arten. Auf den kleineren und landferneren Yap und Truk fehlt jeweils die mittelgroße. Auf der zwar landfernen, aber verhältnismäßig großen Insel Ponape finden wir wiederum drei Brillenvögel. Die kleine abgelegene Insel Kusaie beherbergt nur die mittlere Art.

Offenbar verteilen sich die Brillenvögel nicht deshalb

Die Brillenvögel der Karolinen sind so verteilt, daß sie gegenseitiger Konkurrenz entgehen. Die Zahlen in der Tabelle geben die Flügellängen (in mm) an. Sie zeigen, daß auf kleinen Inseln keine Brillenvögel ähnlicher Größe koexistieren.

	Palau	Yap	Truk	Ponape	Kusaie
Fläche (km^2)	490	100	100	330	108
a) *Zosterops conspicillata*	56	57	56	55	–
b) *Zosterops cinerea*	66	–	–	61	64
c) *Rukia longirostra*	–	73	81	71	–
d) *Megazosterops palauensis*	82	–	–	–	–

in so »sinnvoller« Weise über die Karolinen, weil sie zufällig nach diesem Muster auf diese Inseln verschlagen wurden. Sicher konnten alle Arten einmal alle Inseln erreichen, jedoch siedelten sich nur diejenigen an, die unter den jeweiligen Bedingungen konkurrenzfähig waren.

Eine allgemeine Erkenntnis gewinnen wir aus solchen Tatsachen: Der Lebensbereich von Tierarten wird seltener unmittelbar durch physische Bedingungen, wie Klima, Bodenbeschaffenheit usw., sowie den Pflanzenwuchs als vielmehr durch die Anwesenheit anderer Tiere – besonders naher Verwandter – begrenzt.

Auf vielen – aber nicht allen – ozeanischen Inseln leben nicht nur weniger Arten, sondern auch weniger Individuen je Quadratkilometer als auf dem benachbarten Festland.

Das läßt sich auf verschiedene Weise erklären. Die einleuchtendste Deutung ist, daß viele Tiere auf den Inseln im Gegensatz zu den Verhältnissen auf dem Festland nicht nur dort leben, wo sie optimal angepaßt sind. In den von vielen Inseltieren zusätzlich eingenommenen Lebensräumen haben sie oft Schwierigkeiten, ihren Lebensunterhalt zu bestreiten. Daher besiedeln sie diese nur verhältnismäßig dünn.

Diese Schwierigkeit ist auch gewöhnlich der Grund, warum eine Art die andere aus einem bestimmten Gebiet verdrängt. Gelegentlich spielt auch körperliche Überlegenheit eine Rolle, die es der einen gestattet, die andere zu vertreiben. Meist nutzt aber die örtlich überlegene Art nur die hier vorhandenen Ressourcen besser, so daß für die andere dann nicht genug übrigbleibt, um an diesem Ort zu leben oder gar Nachkommen aufzuziehen.

Inseltiere sind oft anders

Inseltiere unterscheiden sich oft auffallend von verwandten Formen des Festlands. Manche sind besonders klein, andere ungewöhnlich groß. Viele Insekten und Vögel verlieren auf Inseln ihre Fähigkeit zu fliegen. Die Farbkleider verschiedener Inselbewohner sind unscheinbar; manche haben eine deutliche Neigung, sich zu verdunkeln. Schließlich sind viele Inseltiere erstaunlich zutraulich.

Woher kommen diese Besonderheiten? Sehen wir uns erst einmal die flugunfähigen Vögel etwas näher an. Die großen, z. T. riesigen, heute ausgestorbenen Moas auf Neuseeland hatten wir schon erwähnt. Im Gegensatz zu anderen straußenähnlichen Vögeln fehlte ihnen sogar der letzte Rest der Flügel. Auch vom Schultergürtel ihrer sicher flugfähigen Vorfahren blieb kaum etwas übrig. Die Moas lebten, wie wir durch massenhaft gefundene Skelettreste erfahren, in riesigen Herden, bis sie durch die ersten polynesischen Einwanderer vernichtet wurden, die gegen 950 nach Neuseeland kamen. Um 1300 waren die Moas des flachen offenen Graslandes alle verschwunden. In den unübersichtlichen, bewaldeten Bergen der Südinsel hielten sich aber einige Arten wohl bis ins 18. Jahrhundert; denn dort fand man ihre Knochen mit noch daranhängenden trockenen Fleischresten. Besonders interessant ist ein Fund von 1949. Unter einem Felsdach im Tal Takahe lagen Knochen und Federn des kleinen Waldmoas *Megalapteryx didinus* zusammen mit einer aus Flachs geflochtenen, gut erhaltenen Sandale und einem Feuerbohrstock. Die Schnittspuren an den Moaresten rührten offenbar von einem Stahlmesser her, das erst die Europäer nach Neuseeland brachten.

Zwei Moas, links Pachyornis, rechts Dinornis maximus

Auch heute leben dort noch drei Arten von Flachbrustvögeln, die wie die Strauße wegen der zurückgebildeten Flugmuskeln keinen Knochenkamm auf dem Brustbein tragen. Das sind die merkwürdigen Kiwis. Vermutlich sind sie Verwandte der Moas. Anders als diese haben die hühner- bis truthahngroßen Kiwis aber noch winzige, knapp 5 cm lange Flügelchen, mit denen sie allerdings nichts mehr anfangen können. Ihre zerschlissenen Federn scheinen einen Pelz zu bilden. Die Kiwis durchstreifen nachts feuchte und sumpfige Wälder. Im Gegensatz

Männlicher Helmkasuar (Casuarius casuarius) mit Kücken. Kasuare gehören zu den eindrucksvollsten Vögeln der australischen Inselwelt.

Der Takahe (Notornis mantelli) galt 50 Jahre lang als ausgestorben, bevor er 1948 auf der Südinsel Neuseelands wieder gesehen wurde.

zu anderen Vögeln können sie sehr gut riechen. Mit ihren langen, dünnen Schnäbeln picken sie nach Insekten, Schnecken und Würmern, die sie manchmal tief aus dem Boden hervorziehen. (Vgl. Abb. S. 114)

Seit mindestens 500 Jahren sind die gewaltigen Madagaskarstrauße oder Elefantenvögel (Aepiornithiformes) verschwunden. Sie erreichten zwar nicht ganz die Höhe der größten Moas, waren aber ungewöhnlich massig. Sie legten die größten Vogeleier, die wir kennen. Einige besaßen ein Volumen von 9 Litern. Das ist der Inhalt von sechs bis sieben Straußen- oder von 12 000 Kolibrieiern.

Während die Riesenstrauße Madagaskars und die neuseeländischen Moas ausstarben, finden wir noch heute auf Maluku sowie Neuguinea und seinen Nachbarinseln die stattlichen, etwa 1,5 m hohen Kasuare – ebenfalls

Der flugunfähige Galápagos-Kormoran (Nannopterygium harrisi)

flugunfähige Flachbrustvögel. Eine Kasuarart lebt auch auf dem australischen Festland.

Daß große Flachbrustvögel auf Inseln vorkommen, ist an sich nicht überraschend; denn wir finden diese Tiere mit den Straußen, Nandus und Emus auf allen südlichen Kontinenten. Warum sollten sie nicht auch auf südlichen Inseln leben? Dennoch fällt auf, daß sie hier relativ zahlreich sind oder es wenigstens noch in jüngster Vergangenheit waren und daß allein auf Neuseeland mehr Gattungen und Arten lebten, als wir heute auf allen Kontinenten zusammen finden.

Viel erstaunlicher sind die zahlreichen flugunfähigen Inselvögel, deren festländische Verwandte gut fliegen. Flugunfähig ist beispielsweise der auf den Galápagosinseln lebende Kormoran *(Nannopterygium harrisi)*, der nicht einmal ordentlich laufen kann, sondern nur unbeholfen umherwatschelt. Nahezu flugunfähig ist auch der nächtlich lebende Eulenpapagei *(Strigops habroptilus)* von Neuseeland. Eine verbreitete Tendenz zum Verlust der

Flugfähigkeit finden wir bei auf Inseln lebenden Rallen, also Verwandten unserer Bleßhühner. Wir erwähnten den Moa-Fund aus dem Tal Takahe. Takahe ist der polynesische Name für die flugunfähige Ralle *Notornis mantelli*, die dort auch heute noch vorkommt, obgleich sie schon zweimal als ausgestorben galt. Flugunfähig ist weiterhin die düster gefiederte Trommelralle *(Habroptila wallacei)* aus den Sagowäldern von Halmahera (Maluku), ebenso die Atlantisralle *(Atlantisia rogersi)* von einer Insel der Tristan-da-Cunha-Gruppe.

Auch einige heute ausgestorbene Rallen konnten nicht fliegen. Das galt beispielsweise von *Porzanula palmeri* auf der kleinen Hawaii-Insel Laysan und von *Pennula sandwichiensis*, die auf Hawaii selbst lebte.

Vielleicht waren auch die berühmten Drontevögel von den Maskarenen Verwandte der Rallen und keine abnorm großen Tauben, wofür man sie gewöhnlich hält.

Die Maskarenen, zu denen die Inseln Mauritius, Réunion und Rodriguez gehören, wurden zu Beginn des 16. Jahrhunderts von den Portugiesen entdeckt. Damals waren sie unbewohnt und von einem üppigen Wald bewachsen, der heute verschwunden ist. Auf Mauritius fanden die Seefahrer einen schwanengroßen flugunfähigen Vogel, den sie Dodo nannten und der heute Dronte *(Raphus cucullatus)* heißt. Obwohl er nicht besonders geschmeckt haben soll, stellten ihm die Seefahrer und später die Ansiedler eifrig nach. Eingeführte Hunde und Schweine taten das Ihre, so daß die Dronte schon zur Mitte des 18. Jahrhunderts ausgerottet war. Da einige Dronten nach Europa und Indien gebracht und dort abgebildet wurden, es weiterhin alte Beschreibungen dieser Vögel gibt sowie einige Knochen erhalten blieben, können wir uns ungefähr ein Bild von diesen merkwürdigen plumpen Geschöpfen machen. Ihr Gefieder war vermutlich graubraun mit gelblichen Flügeln. Auch der eigenartige büschelartige Schwanz, der auf einigen – aber nicht allen – Darstellungen zu sehen ist, war wohl gelb. Der Schnabel war lang und kräftig. Der Oberschnabel trug an seiner Spitze einen markanten Haken.

Ein ähnlicher, aber schlankerer Vogel, der sogenannte Einsiedler *(Pezohaps solitarius)*, lebte auf Rodriguez. Von

So ungefähr sah die Dronte aus.

ihm wissen wir kaum etwas, obgleich er ebenfalls auf einer alten Zeichnung dargestellt ist und einige seiner Knochen bis heute erhalten blieben.

Auf Réunion soll es noch einen weiteren Drontevogel gegeben haben, von dem uns aber keine zuverlässige Überlieferung erreichte.

Da die Maskarenen ozeanische Inseln weitab von jedem Festland sind, müssen die Vorfahren der Dronten einmal fliegend hierher gelangt sein. Weil sie auf den unbewohnten Inseln keine Feinde vorfanden, brauchten sie nicht mehr zu flüchten und bildeten allmählich ihre Flügel zurück. Das erklärt auch zwanglos die Flugunfähigkeit vieler anderer Vögel ozeanischer Inseln.

Aus dem gleichen Grund sind die Tiere dort oft nur wenig scheu. Das gilt besonders für Raubvögel, die niemanden fürchten müssen. Der Galápagos-Bussard *(Buteo galapagensis)* läßt sich ohne Schwierigkeiten mit einem Stock, manchmal sogar mit der Hand berühren. Allerdings verlieren Inseltiere ihre Zahmheit bald, wenn ihre Heimat von Menschen besiedelt wird.

Daß auf manchen ozeanischen Inseln viele flugunfähige Insekten leben, hat hingegen bestimmt nichts mit einem Mangel an Feinden zu tun. Vielmehr sind ihre Flügel deshalb zurückgebildet, weil die Gefahr, beim Fliegen ins Meer geweht zu werden, auf den sturmgepeitschten Inseln allzugroß ist. Deshalb sind Insekten bevorteilt, die nicht fliegen. Auf diese Weise erklärte schon Darwin in seiner »Entstehung der Arten«, daß von den damals bekannten 550 auf Madeira lebenden Käfern 200 Arten flugunfähig sind.

Während sich die bisher besprochenen Besonderheiten recht gut verstehen lassen, gilt das nicht für die häufige Verdunkelung der Körperfärbung von Inseltieren.

Obwohl wir auf Inseln auch sehr farbenprächtige Tiere finden – denken wir nur an die Paradiesvögel Neuguineas – und es auch vorkommt, daß Inselbewohner deutlich heller sind als ihre Verwandten auf dem benachbarten Festland, so ist die Tendenz zur Verdunkelung doch bei den verschiedensten Tieren zu erkennen.

Manchmal leben zwischen ihren helleren Artgenossen einzelne dunkle Tiere; oft ist aber die gesamte Population verdunkelt. Neben dunklen Rassen finden wir dunkle Arten. Nur wenige Beispiele seien genannt: Die bei uns gelblichgrau gebänderte Hummel *Bombus silvarum* bildet auf Bornholm eine schwarze Rasse, bei der nur der Hinterleib rötlich behaart ist. In Japan fliegt eine stark verdunkelte Rasse unseres Schwalbenschwanzes *(Papilio machaon hippocrates).* Die vielen melanistischen Eidechsen der Mittelmeerinseln wurden schon erwähnt. Aber

Nicht alle Inseltiere neigen zur Verdunkelung. Das zeigen die prächtigen Paradiesvögel. Oben: Roter Paradiesvogel (Paradisaea rubra), unten: Prachtparadiesvogel (Diphyllodes magnificus)

nicht nur Meeresinseln veranlassen Tiere dazu, sich zu verdunkeln; denn auf Madre im norditalienischen Lago Maggiore gibt es eine dunkle Rasse der Mauereidechse *(Lacerta muralis borromeica).*

Auf Espiritu Santo im Golf von Kalifornien lebt die schwarze Hasenart *Lepus insularis.* Das düstere Gefieder der Darwinfinken der Galápagos ist keineswegs eine Ausnahme unter ozeanischen Vögeln.

Um es vorweg zu sagen: Vielleicht ist diese Tendenz zur Verdunkelung das interessanteste Ergebnis des Experiments, das die Natur bei der Besiedlung von Inseln anstellte. Aber wir können es nicht deuten. Von den verschiedenen unzulänglichen Versuchen, die Verdunkelung zu erklären, seien daher nur zwei angeführt – ein speziellerer und ein allgemeiner: Auf den oft winzigen Mittelmeerinseln finden die Eidechsen nicht immer ihre gewohnte Nahrung. Der Zoologe Martin Eisentraut untersuchte ihren Mageninhalt und fand, daß diese Eidechsen statt wie gewöhnlich von tierischer vorwiegend von pflanzlicher Kost leben. Daher haben die Bewohner der allerkleinsten Inseln gegenüber ihren Artgenossen unter normalen Lebensumständen deutlich verlängerte Därme.

Da die ungewöhnliche Ernährung anscheinend der wesentlichste Unterschied im Leben der Inseleidechsen gegenüber dem Dasein auf dem Festland ist, glaubt Eisentraut, die Eidechsen verdunkelten sich aus diesem Grund. Vermutlich bilden sie ihr schwarzes Pigment nur deshalb, weil sich ihr Stoffwechsel – erblich bedingt – der Pflanzennahrung anpaßte. Allein dieser veränderte Stoffwechsel soll für die Tiere wesentlich, das Pigment nichts anderes als ein wohl bedeutungsloses Nebenprodukt sein.

Diese recht gut begründete Hypothese gilt natürlich nur für Eidechsen; denn es ist sehr unwahrscheinlich, daß auch inselbewohnende Insekten, Säugetiere und Vögel ihre Nahrung in ähnlicher Weise umstellten und dann noch alle in gleicher Weise – durch Verdunkeln der Körperoberfläche – darauf reagierten.

Nach einer allgemeineren Hypothese ist die Isolation die wesentliche Ursache für die Verdunkelung.

Der Verlust von Erbanlagen bei der genetischen Revolution in Isolaten wurde schon besprochen. Dieser Verlust macht es aber nur verständlich, warum überhaupt Unterschiede entstehen. Er erklärt nicht, wie eine bestimmte allgemeine Tendenz der Veränderungen zustande kommt. Jedoch könnte man sich mit seiner Hilfe den Melanismus von Inseltieren durch die zusätzliche Annahme erklären, daß es in den Populationen der betreffenden Arten rezessive Erbfaktoren für Verdunkelung gibt. Rezessiv heißen solche Erbanlagen, die nur wirksam werden, wenn sie doppelt vorhanden sind. Trägt ein Tier nur eine rezessive Anlage, dann prägt sich nicht sie, sondern die andere neben ihr vorhandene aus. Diese Anlage mit dem größeren Durchsetzungsvermögen nennen wir dominant. Daher sind z. B. Schnecken, die aus einer Keimzelle mit der rezessiven Anlage für Gelb und einer mit der dominanten Anlage für Rosa entstanden sind, rosa. Nur solche Tiere, die sowohl aus einem Spermium als auch einem Ei mit dem Allel für Gelb hervorgingen, zeigen die rezessive Schalenfarbe Gelb.

Weil in kleinen Inselpopulationen ein gewisses Ausmaß von Inzucht herrscht, wodurch die Homozygotie von Erbanlagen zunimmt, müssen sich auf Inseln mehr rezessive Erbfaktoren ausprägen als auf dem Festland.

Unter Homozygotie verstehen die Vererbungsforscher das Vorhandensein gleicher Paare von Erbanlagen in einem Individuum – also Gelb und Gelb oder Rosa und Rosa. Heterozygotie ist das Vorhandensein ungleicher Paare – also Gelb und Rosa.

Ein einfaches Zahlenbeispiel möge den Effekt der Inzucht – der Paarung verwandter, also genetisch ähnlicher Tiere, die zu relativ vielen gleichen Anlagenpaaren führt – illustrieren.

Nehmen wir an, 1/10 aller Anlagen für Körperfarbe wären in einer Population rezessive Faktoren für Schwarz, während die übrigen 9/10 der Kopien dieses Gens dominante Anlagen für die gewöhnliche Farbe, vielleicht Gelb, sind. Fehlte jede Inzucht – würden also die Erbanlagen rein zufallsgemäß miteinander kombiniert –, dann wären $(1/10)^2$, also nur 1/100 aller Tiere schwarz. Gäbe es aber durch extreme Inzucht nur homozygote Tiere, dann wäre immerhin rund 1/10 aller Individuen dunkel.

Komodowaran (Varanus comodoensis)

Wenn es auch derartige extreme Inzucht in natürlichen Populationen nie gibt, so ist es doch sehr wohl möglich, daß die Zunahme der Homozygotie zum Inselmelanismus beiträgt. Es ist aber unwahrscheinlich, daß die Verdunkelung allein hierauf beruht.

Wir kennen nicht nur rezessive, sondern auch dominante Erbanlagen für Schwarz. Sind sie vorhanden, dann müßte – durch den gleichen Mechanismus – die Normalfarbe auf den Inseln häufiger werden als auf dem Festland. Vor allem sollten durch Driftwirkungen viel öfter die meist seltenen Verdunkelungsfaktoren verlorengehen als die Anlagen für die normale hellere Färbung.

Richtig mag aber der grundlegende Gedanke sein, daß die Isolierung die Hauptursache der Verdunkelung ist. Aber wie Isolierung diesen Effekt erzielt, wissen wir heute noch nicht. Dies ist eines der vielen Beispiele, die zeigen,

Anoa (Bubalus depressicornis)

daß der gegenwärtige Stand der synthetischen Theorie der Evolution durchaus noch nicht der Weisheit letzter Schluß ist.

Nicht ganz so schwierig ist es, die Größenunterschiede von Insel- und Festlandtieren zu verstehen, obgleich auch deren Ursachen keineswegs offensichtlich sind. Zunächst scheinen sie ja überhaupt nichts Besonderes zu sein; denn Größenunterschiede gibt es überall, und warum sollten nicht auf Inseln größere oder kleinere Tiere vorkommen als in ihrer Verwandtschaft auf dem Festland? Trotzdem fällt auf, daß sich ausgesprochene Riesen und Zwerge auf Inseln häufen. Einige solcher Riesen haben wir schon kennengelernt. Die Moas und die Madagaskarstrauße übertrafen selbst die größten aller heutigen Flachbrustvögel. Auch die Dronten waren mächtige Tiere. Sollten sie Verwandte der Tauben und keine Rallen gewesen sein, dann wäre ihre Größe noch bemerkenswerter, weil alle anderen Tauben erheblich kleiner bleiben.

Unter den Inseleidechsen finden wir sowohl Riesen als auch Zwerge. Immerhin lebt die größte aller Eidechsen auf einer Insel – auf Komodo im Sundabogen. Die Männchen dieses Komodowarans *(Varanus comodoensis)* erreichen eine Länge von nahezu 3 m.

Zwerge sind unter inselbewohnenden Säugetieren recht häufig. Wenn in einem größeren zoologischen Garten mehrere Rassen des Tigers gezeigt werden, fällt es auf, daß die von Java oder Sumatra stammenden Sundatiger viel kleiner sind als die Bengaltiger des südostasiatischen Festlands. Mit den riesigen sibirischen Tigern sind sie überhaupt nicht zu vergleichen. Die allerkleinsten Tiger stammen von Bali. Das kleinste Wildrind, der Anoa *(Bubalus depressicornis)*, lebt auf Sulawesi. Die Rothirsche auf Korsika sind ausgesprochene Kümmerlinge. Ganz allgemein haben große Säugetiere die Tendenz, auf Inseln kleiner zu werden, während Säuger, die gewöhnlich klein sind, hier oft recht große Rassen oder Arten bilden.

Während der Eiszeit gab es auf Zypern, Kreta, Malta, Sizilien, Rhodos, Delos, Naxos und anderen Mittelmeerinseln ponygroße Elefanten und nur etwa schweinsgroße Flußpferde. Auch die Hirsche dieser Inseln waren möglicherweise Zwerge. Allerdings wissen wir nicht genau, von welchen Hirschen des Festlands sie abstammten. Die Nagetiere waren hingegen sehr groß. Beispielsweise erreichten Mäuse die Maße von Kaninchen.

Da Reste eiszeitlicher Zwergelefanten und Zwergflußpferde nicht nur auf einer, sondern auf vielen Mittelmeerinseln, und darüber hinaus Zwergflußpferde auf Madagaskar gefunden werden, muß die Verkleinerung einen ganz allgemeinen Grund gehabt haben. Möglicherweise wurden all diese Tiere deshalb zu Zwergen, weil es in ihrer neuen Heimat keine großen Raubtiere gab; denn allein auf Malta fand man die Reste eines Bären. Da sie sich hier nicht zu verteidigen brauchten, konnten es sich die Elefanten und Flußpferde leisten, kleiner zu werden als auf dem Festland. Vielleicht war es auch deshalb vorteilhaft, klein zu sein, weil auf den mit pflanzenfressenden Tieren übervölkerten Inseln die Nahrung gelegentlich knapp wurde und kleine Tiere gewöhnlich weniger fressen als große.

Daß diese Inselbewohner zeitweilig hungerten, ist keine bloße Vermutung; denn eiszeitliche Hirschknochen von Kreta zeigen die gleichen Symptome, die wir auch an den Knochen heutiger Tiere finden, die mangelhaft ernährt sind.

Die relative Größe der Nagetiere könnte ebenfalls eine Folge davon gewesen sein, daß auf den Inseln große Räuber fehlten; denn dadurch wurde es vor allem wichtig, daß sich die Nager gegen die ungehindert zu den Mittelmeerinseln fliegenden Raubvögel verteidigen konnten. Das gelang größeren Tieren verständlicherweise besser als kleinen.

Alte Seen – ein Test der Hypothesen

So wie das Wasser Inselbewohner von ihren übrigen Artgenossen isoliert, so trennt festes Land die Lebewesen verschiedener Seen voneinander. Da wir gesehen haben, daß sich bei Inseltieren Isolation auf ganz charakteristische Weise auswirkt, sollten wir an den Tieren der Seen ähnliche Phänomene finden wie an Inselfaunen.

Diese Erwartung wird weitgehend erfüllt – ja in mancher Hinsicht sogar übertroffen. Entstanden durch das Eindringen in die verschiedensten Lebensbereiche – die adaptive Radiation der Kleidervögel – auf den Hawaii-Inseln 23 Arten, die von den Vogelkennern zu zehn verschiedenen Gattungen gestellt werden, und finden wir heute 14 verschiedene Darwinfinken auf den Galápagos und der Cocosinsel, so ist das in keiner Weise mit den vielen endemischen Buntbarschen oder Cichliden der großen ostafrikanischen Seen zu vergleichen.

Im Malawisee (auch Njassasee genannt) leben mehr als 200, im Tanganjikasee mindestens 126 und im Victoriasee über 170 verschiedene endemische Cichliden. Dazu kommen noch viele andere Fische – im Victoriasee sind es wenigstens 38, im Tanganjikasee 67 und im Malawisee 44 Arten.

Allerdings gibt es einen wesentlichen Unterschied. Die vielen Inselformen entwickelten sich meist auf Archipelen; die z. T. sehr farbenfrohen 200 Buntbarsche im tiefen, klaren Wasser des Malawisees entstanden aber alle in einem einzigen Becken – also anscheinend nicht dadurch, daß hier Populationen voneinander getrennt wurden. Diese Deutung würde allem widersprechen, was bisher über das Entstehen von Arten gesagt wurde. Sie ist

Buntbarsche des Malawisees. Von oben nach unten: Aulonocara nyassae, Haplochromis ahli und Melanochromis johanni

sicher auch nicht richtig. Im Malawi- und im Tanganjikasee leben viele Fische nur unmittelbar am Ufer und gelangen nie ins freie Wasser hinaus. Da einige Arten auf felsige Ufer und andere auf Sandstrand spezialisiert sind und beide Ufertypen häufig einander abwechseln, bleiben solche Fische gewöhnlich während ihres ganzen Lebens innerhalb eines begrenzten Uferabschnitts. In diesen Seen trennt das unterschiedlich gestaltete Ufer die Buntbarschpopulationen, ebenso wie die Lavaflüsse auf den Hawaii-Inseln die Populationen der Taufliegen.

Für den gewaltigen, aber nur sehr flachen Victoriasee gilt dies allerdings nicht. Er ist überall von einem dichten Papyrus- und Seerosengürtel umgeben. Jedoch zerfiel dieser See in der Vergangenheit wiederholt in mehrere kleinere Gewässer, so daß auch hier genügend Gelegenheit zu räumlicher Trennung und damit zur Artbildung vorhanden war.

Vielleicht hat sich auch die Tatsache, daß fast alle Buntbarsche dieser Seen Maulbrüter sind, günstig auf das Entstehen neuer Arten ausgewirkt. Gelangte auch nur ein einzelnes Weibchen mit seiner Nachkommenschaft im Maul in ein Gebiet des Sees, das vorher von der betreffenden Art nicht besiedelt war, dann konnte sich hier leicht eine neue isolierte Population entwickeln.

Die vielen Cichliden der großen ostafrikanischen Seen sind die Nachkommen weniger Einwanderer. Die Artenfülle entwickelte sich nach evolutionären Maßstäben sehr rasch; denn der Tanganjikasee ist höchstens 6 Millionen Jahre alt. Der Malawisee entstand wohl erst vor 1 bis 2 Millionen Jahren. Der Victoriasee ist vermutlich noch wesentlich jünger.

Während die Buntbarsche der afrikanischen Flüsse unter den verschiedensten Bedingungen leben müssen und sich auf keine besondere Nahrung spezialisiert haben, finden wir bestimmte Cichlidenarten der Seen nur an ganz bestimmten, für sie typischen Orten. Körperbau und Gebisse sind in komplizierter und vollkommener Weise verschiedenen Methoden des Nahrungserwerbs angepaßt. Einige Arten sind Zooplanktonfresser, die sich von im Wasser schwebenden Kleintieren ernähren. Andere leben von Phytoplankton, also vor allem von winzigen dahintreibenden Algen. Manche Buntbarsche der Seen graben im Boden nach Nahrung. Viele Arten sind Aufwuchsfresser. Sie weiden die unter den dortigen Verhältnissen ganzjährig auf den Felsen steiniger Ufer wachsenden Algen ab. Noch andere leben von den Kleintieren, die zwischen diesen Algen ihr Wesen treiben. Natürlich gibt es auch räuberische Buntbarsche, die anderen Fischen nachstellen. Dazu kommen noch einige ganz eigentümliche Spezialisten – solche, die von Fischschuppen leben oder Fischlaich und -larven verzehren. Der eigenartige *Haplo-*

chromis compressipes aus dem Malawisee hat die häßliche Gewohnheit, anderen Fischen die Augen auszureißen und sie zu verschlingen. Allerdings frißt er auch andere Nahrung.

Die spezialisierteren Formen der Gebisse und Zähne dieser Fische sind zumindest ebenso ungewöhnlich wie die verschiedenen Schnäbel der Kleidervögel. Die adaptive Radiation der Buntbarsche in jedem einzelnen der drei großen ostafrikanischen Seen ist daher durchaus mit derjenigen der Kleidervögel auf den Hawaii-Inseln zu vergleichen. Doch wurde auch diese »evolutionäre Explosion« durch das Fehlen von Konkurrenten ausgelöst? Einige der besten Kenner dieser Fische glauben, daß das nicht der Fall war; denn in diesen Seen leben ja auch viele andere Fische. Trotzdem sind die Buntbarsche der Seen wohl ohne ernsthafte Konkurrenten. Nicht nur sie, sondern alle Buntbarsche haben nämlich Schlundkiefer, mit denen sie nicht nur wie andere Barsche ihre Nahrung festhalten, sondern sie auch kauen können. Daher sind die eigentlichen Kiefer der Cichliden und deren Zähne von dieser Arbeit befreit und konnten sich so mehr als die Kiefer anderer Fische auf die verschiedenen Methoden der Nahrungsaufnahme spezialisieren. Voll zum Tragen kam dieser Vorteil nur in den Seen, deren relativ stabile Lebensbedingungen solche Spezialisierungen erst vorteilhaft werden ließen. In den afrikanischen Flüssen ändern sich die Verhältnisse durch die unterschiedliche Wasserführung im Laufe des Jahres viel öfter. Deshalb müssen die dort lebenden Buntbarsche vielfältige Nahrung verwerten. Das könnte der Grund dafür sein, daß sich die Spezialisten nur in den Seen entwickelten; obwohl grundsätzlich alle Cichliden die anatomische Voraussetzung – kauende Schlundkiefer – haben.

Noch eine merkwürdige Tatsache müssen wir erwähnen. In den großen ostafrikanischen Seen finden wir Schwärme von Fischen ganz verschiedener Arten, die alle von der gleichen Nahrung leben. Das ist insofern erstaunlich, weil die meisten Biologen glauben, daß in einem solchen Fall letztlich eine dieser Arten alle anderen verdrängen sollte.

Sämtliche 17 Arten der Zooplanktonfresser – die übrigens nur im Malawisee vorkommen – gehören zur Gattung *Haplochromis*. Man fand bis zu zehn dieser Arten am gleichen Ort. Gewöhnlich fängt man mit einem Netzzug fünf bis sechs verschiedene Arten. Die Ähnlichkeit dieser Buntbarsche und ihr gemeinsames Vorkommen prägt sich auch darin aus, daß die Afrikaner für sie einen gemeinsamen Namen – Utaka – haben.

Auch die vielen Aufwuchsfresser der Felsenstrände mit dem afrikanischen Sammelnamen Mbuna leben nebeneinander, obgleich sich einige Arten von genau den gleichen Pflanzen ernähren. *Labeotropheus fuelleborni* und *L. trewawasae* sind sowohl in ihrem Habitus als auch in der Struktur ihres Mundes und der Zähne nicht zu unterscheiden, so daß man erst bei einer genauen Untersuchung und Vermessung toter Fische erkannte, daß es sich um zwei verschiedene Arten handelt. Sie nehmen die gleiche Nahrung auf und leben dennoch nebeneinander am selben Felsen.

Zusammenfassend können wir sagen, daß in den großen ostafrikanischen Seen gehäufte Artbildung und adaptive Radiationen sogar noch eindrucksvoller sind als auf vielen Inseln. Durch wenige von Tatsachen gestützte Hilfsannahmen lassen sich diese Phänomene auf die gleichen Ursachen – Isolation und Fehlen von Konkurrenten – zurückführen wie die entsprechenden Erscheinungen bei Inseltieren. Jedoch, eine ausgesprochene Stütze dieser Deutungen sind die afrikanischen Buntbarsche nicht.

Andere inselartig verbreitete Tiere

Niemand wundert sich darüber, daß einmal Buntbarsche in die ostafrikanischen Seen gerieten. Erstaunlicher ist es, daß es auch einige Robben schafften, Süß- und Salzwasserseen oder weit von den Ozeanen entfernte Salzmeere zu besiedeln. Wir verstehen auch noch, daß es im Ladogasee eine besondere Rasse der Ringelrobbe (*Phoca hispida ladogensis)* gibt; denn Robben wandern gelegentlich, wenn auch selten, in Flüssen empor, so daß ihre Vorfahren aus der Ostsee über die Newa hierher finden konnten. Doch wie kam die Baikalrobbe *(Phoca hispida sibirica)* in den Baikalsee, der mehr als 2 000 km vom nächsten Meer entfernt ist?

Ähnliche Fragen ergeben sich auch für inselartig verbreitete Tiere des Festlands, die wir besonders in isolierten Gebirgsmassiven, aber auch in von trockenen Wüsten umgebenen Oasen oder in isolierten, lichtlosen unterirdischen Höhlen finden.

Gemsen, die alle nur einer Art *(Rupicapra rupicapra)* angehören, besiedeln unter anderem das Kantabrische Gebirge, die Pyrenäen, Alpen, Karpaten, den Kaukasus, Taurus und das Pontische Gebirge. Wie wurde diese Art einmal über die verschiedenen Hochgebirge verteilt, da sich Gemsen nur in unwegsamen Felsklippen aufhalten und nie ins Flachland vordringen?

Bevor 1875 der schwedische Geologe Otto Martin Torell an den Schrammen des Felsuntergrunds von Rüdersdorf bei Berlin erkannte, daß sich hier einmal ein Gletscher bewegt hatte, mußte diese Verbreitung der Gemsen und diejenige vieler anderer Tiere ein vollkommenes Rätsel bleiben.

Nach 1875 setzte sich rasch die Erkenntnis durch, daß bis vor etwa 10 000 Jahren große Teile Europas einmal von mächtigen Gletschern oder von einer Kältesteppe bedeckt waren. Deshalb konnten damals Gemsen auch in den heutigen Flachländern leben, wo man ihre eiszeitlichen Reste auch tatsächlich gefunden hat.

Ebenso wie Tiere auf vom Wasser umgebenen Inseln bilden heute die durch weite Ebenen voneinander getrennten Gemsen in den Gebirgen, in die sie sich seit dem Ende der Eiszeit zurückzogen, verschiedene Rassen. Insgesamt kennen wir neun, die sich vor allem in Einzelheiten der Färbung unterscheiden.

Auch die sehr standorttreue südamerikanische Hasenmaus *(Lagidium peruanum)* entwickelte auf verschiedenen Bergmassiven der Anden unterschiedliche Rassen. Einige haben ebenso wie manche Tiere kleiner Inseln ein schwarzes Fell.

Andererseits sind unterirdische Höhlentiere, die ja ebenfalls inselartig verbreitet sind, gewöhnlich blind und farblos.

Also, auch in kleinen versprengten Gruppen von Festlandsbewohnern entwickeln sich wie auf Inseln relativ rasch neue Rassen. Auch die Neigung zur Schwärzung finden wir hier, sie kann aber unter Umständen – wie bei Olmen, Brunnenmolchen und Höhlenfischen – völlig unterdrückt sein.

Zufluchtsorte oder Fallen?

Inseln gelten oft als Zufluchtsorte solcher Tiere, die in ihrer stammesgeschichtlichen Entwicklung zurückblieben und nur noch hier – von Konkurrenten oder Feinden nicht bedroht – zu überleben vermögen. Wenn auch – wie wir gesehen haben – viele Inseltiere keineswegs alte, sondern sogar sehr junge Arten sind, gibt es auf manchen Inseln derartige Reste vergangener Faunen tatsächlich.

Ein Beispiel – die Beuteltiere Australiens – kennt wohl jeder. Obgleich Australien ja keine Insel im eigentlichen Sinne, sondern ein Kontinent ist, blieb es – wie manche echte Insel – deshalb ohne höhere oder plazentale Säugetiere, weil es ringsum vom Meer umgeben wird. Offenbar aus diesem Grund ist es bis heute von vielen verschiedenen Beuteltieren bevölkert.

Zwar betonen manche Forscher, daß die Beutler keineswegs die Vorfahren der Plazentalier und deshalb auch nicht unbedingt urtümlicher als diese seien und es keineswegs erwiesen sei, daß die höheren Säugetiere, kämen sie nach Australien, die Beuteltiere verdrängen würden. Dennoch bleibt die Tatsache, daß es nur noch in Australien eine reiche und vielgestaltige Beutlerfauna gibt, während die Beuteltiere in Nordamerika und Europa, wo sie bis ins frühe Tertiär gemeinsam mit den Plazentaliern lebten, restlos ausstarben. Allein in Südamerika, das bis zum Beginn der Eiszeit ebenfalls von der übrigen Welt isoliert war, überlebten Beuteltiere außerhalb Australiens. Von hier aus gelangten dann in erdgeschichtlich jüngster Zeit einige Beutler über die neugebildete mittelamerikanische Landbrücke wieder nach Norden.

Besonders viele Vertreter alter Tiergruppen finden wir

Beuteltiere überlebten nur im abgelegenen Australien in größerer Formenvielfalt. Von oben nach unten: Langohrnasenbeutler (Macrotis lagotis), Rotes Riesenkänguruh (Macropus rufus), Beutelwolf (Thylacinus cynocephalus)

auf Neuseeland. Wer einmal die sehr seltene Gelegenheit hatte, eine lebende neuseeländische Brückenechse *(Sphenodon punctatus)* zu sehen, mag wohl im ersten Augenblick gedacht haben, er hätte nur einen großen Leguan vor sich. Dennoch ist dieses Tier etwas ganz Außergewöhnliches – keine Eidechse, sondern der einzige lebende Vertreter einer schon längst verschwundenen, einstmals sehr formenreichen Reptiliengruppe der Ordnung der Schnabelköpfe oder Rhynchocephalia. Es ist ebensowenig eine Eidechse wie Krokodile oder Schildkröten Eidechsen sind. Die Rhynchocephalen hatten ihre Blütezeit in der Trias und im Jura – also schon im Mittelalter der Erdgeschichte. Ihre letzten fossilen Reste fand man in Ablagerungen der Kreidezeit. Trotzdem erhielt sich die Brückenechse auf einigen kleinen Nachbarinseln Neuseelands bis in unsere Tage.

Seinen Namen hat das Tier von einer zweiten – unteren – Knochenspange oder Brücke über seiner Schläfengrube. Diese zweite Spange gab es auch bei den Vorfahren von Eidechsen und Schlangen, wurde hier aber zurückgebildet, so daß wir bei ihnen nur noch eine Spange und eine einzige – obere – Schläfenöffnung finden. Wie die großen Saurier und andere Reptilien des Erdmittelalters hat die Brückenechse wegen ihrer zweiten Knochenspange noch zwei Schläfenöffnungen im Schädeldach. Eine weitere Besonderheit ist ihr Scheitelauge. Ein solches lichtempfindliches Organ gibt es zwar auch am Kopf anderer heute lebender Reptilien und Amphibien. Aber nur bei der Brückenechse hat es eine Linse.

Ebenfalls nur auf Neuseeland finden wir die kleinen altertümlichen Urfrösche der Gattung *Leiopelma*, die im Gegensatz zu anderen Fröschen noch Rippen tragen, denen aber die Schwimmhäute zwischen den Zehen fehlen. *Leiopelma hamiltoni* von der kleinen Stepheninsel in der Cookstraße hat sogar einen kurzen knöchernen Schwanz, der allen anderen Fröschen fehlt.

Auf Borneo gibt es ein urtümliches langgestrecktes und kurzbeiniges Kriechtier, den Taubwaran *(Lanthanotus borneensis)*. Er steht der Stammform der Schlangen nahe. Seine nächsten Verwandten, die Dolichosauridae und Aigialosauridae, lebten zur Kreidezeit in Europa.

Zwei Vertreter der merkwürdigen Tierwelt Neuseelands, Brückenechse (Sphenodon punctatus) und Kiwi (Apteryx)

Die primitivsten aller Säugetiere sind die Kloakentiere; denn sie gebären keine lebenden Jungen, sondern legen noch Eier. Daneben erinnern verschiedene Eigentümlichkeiten ihres Körperbaus an die Reptilien, aus denen die Säuger einmal hervorgingen. Sicher ist es kein Zufall, daß wir diese urtümlichsten aller Säuger in Australien, auf Tasmanien, Neuguinea und den Salawatiinseln finden. Das Schnabeltier *(Ornithorhynchus anatinus)* lebt in den

Auch die primitivsten aller Säuger, die eierlegenden Kloakentiere, hielten sich nur in Australien und einigen benachbarten Inseln. Kurzschnabel-Ameisenigel (Tachyglossus aculeatus) und Schnabeltier (Ornithorhynchus anatinus)

Flüssen Ostaustaliens. Sein Schnabel ist allerdings kein Reptilienerbe, sondern eine Neubildung. Die Schnabeligel der Gattungen *Echidna* und *Zaglossus* tragen ähnlich unserm Igel ein Stachelkleid.

Ein Zufall ist es auch bestimmt nicht, daß Madagaskar nicht von echten Affen, sondern von niedriger organisierten Herrentieren – von Halbaffen – bevölkert wird, und zwar in einer Artenfülle, die wir sonst nirgends auf der

Madagaskar ist die Heimat der Lemuren. Oben links: Kleiner Mausmaki (Microcebus murinus), oben rechts: Mongozmaki (Lemur mongoz), unten: Vari (Lemur variegatus)

Welt finden. Auch die unter den Raubtieren als primitiv geltenden Schleichkatzen sind auf Madagaskar sehr zahlreich, während höher organisierte Raubtiere, Katzen, Hunde und Bären, hier fehlen.

Es ist also durchaus richtig, Inseln als letzte Zufluchtsstätten für Tiere anzusehen, die im Konkurrenzkampf unterlegen sind.

Dies sowie die Tatsachen, daß viele Tiere auf Inseln sehr zutraulich sind und Vögel dort ihr Flugvermögen verlieren, zeigen doch wohl, daß manche Inseln für Tiere durchaus paradiesische Züge haben; denn hier müssen sie weder todbringende Verfolger noch überlegene Konkurrenten aus anderen Arten fürchten.

Doch in dieser Welt gibt es nichts umsonst. Auf dem Festland halten oft Verfolger die Populationsdichte so gering, daß jedes Tier der betreffenden Art seine Nahrung findet. Neuankömmlinge auf einer Insel ohne Feinde vermehren sich hingegen so ungehemmt, daß die Nahrung bald knapp wird, so daß viele verhungern müssen.

Im Jahr 1912 oder 1913 gelangten einige Elche über das Eis auf die etwa 70 km lange und rund 14 km breite Insel Royale im Oberen See an der Grenze von Kanada und den USA. In dieser gefahrlosen Umwelt vermehrten sie sich anfänglich sehr rasch, so daß ihre Zahl schon um 1930 zwischen 1 000 und 3 000 Tieren lag. Dann sank ihre Anzahl aber schnell wieder ab; 1935 waren es nur noch 200 und 1950 auch nur 500 Elche. Vermutlich sind nach 1930 viele Tiere verhungert.

Also auch eine Insel ohne Feinde ist keineswegs in jeder Hinsicht ein Paradies.

Wenn auch viele Tiere auf abgelegenen Inseln relativ günstige Lebensbedingungen finden, so droht ihnen hier doch ständig eine Gefahr, die Festlandtiere viel weniger befürchten müssen.

Tiere auf Kontinenten setzen sich fortwährend mit Konkurrenten, Verfolgern und Krankheiten auseinander und erhalten so ihre Widerstandsfähigkeit, die auf Inseln oft verlorengeht. Gelangen nun durch irgendwelche Zufälle überlegene Konkurrenten, Krankheiten oder Räuber auf die Insel, dann sind die langjährigen Inselbewohner meist verloren.

Der merkwürdigste Halbaffe Madagaskars – das Fingertier (Daubentonia madagasciensis)

Wie gefährdet Inselbewohner im Vergleich zu Landtieren sind, zeigt die Tatsache, daß die meisten der in historischer Zeit ausgestorbenen oder ausgerotteten Tiere Bewohner von Inseln waren. Von den 118 seit 1800 ausgestorbenen Vogelrassen waren nur neun kontinentale Formen; 46 der seit 1600 verschwundenen Vogelarten lebten auf Inseln.

Relativ selten wurden diese Tiere allein durch die Nachstellungen des Menschen ausgerottet. Viel öfter fielen sie vom Menschen eingeschleppten Verfolgern, Konkurrenten, Parasiten oder Krankheiten zum Opfer. Der drastischste Fall, den wir kennen, ist wohl die Vernichtung einer ganzen Vogelart durch eine einzige Katze. Auf der nur etwa 1 km^2 großen Stepheninsel in der Cookstraße, die wir schon als Heimat des Frosches *Leiopelma hamiltoni* erwähnten, lebte ein kleiner olivfarbener, dunkel gefleckter Vogel, der heute Scheinzaunkönig oder auch Stephenschlüpfer *(Xenicus lyalli)* genannt wird. Dieses Vögelchen war vermutlich flugunfähig. Es wurde von der Katze des Leuchtturmwärters der Stepheninsel »ent-

Der Stephenschlüpfer (Xenicus lyalli) von der Stepheninsel

deckt« und ausgerottet. Nur dadurch, daß der aufmerksame Wärter Bälge der von seiner Katze erbeuteten Vögel nach London sandte, wissen wir etwas vom Stephenschlüpfer. Heute ist eine weitere der drei anderen Arten der Neuseelandschlüpfer ernsthaft gefährdet.

Ein Defizit an Exotik?

Vielleicht wird der Leser dieses Büchlein etwas enttäuscht beiseite legen, weil er ausführlichere Beschreibungen fremdartiger Inseltiere und eingehendere Schilderungen ihrer Lebensgewohnheiten erwartet hatte.

Die Balz prächtiger Paradiesvögel und die eigentümlichen geschmückten Bauten der Laubenvögel Neuguineas mögen manchem viel interessanter erscheinen als Betrachtungen über die Schnabelformen und -größen unscheinbarer Galápagosfinken.

Manchen hätte auch wohl das verborgene Leben der seltsamen Schlitzrüßler auf Kuba und Haïti mehr interessiert als Spekulationen über die Größe längst verschwundener Säugetiere im Mittelmeer.

Einige Leser hätten vielleicht erwartet, etwas über das lebhafte Treiben in einer Brutkolonie zu erfahren, in der Tausende Meeresvögel zusammen ihre Jungen aufziehen.

Hierüber sollte sich der Interessierte in Schriften solcher Autoren unterrichten, die selbst einmal ferne Inseln besuchten. Genannt sei nur die lebendige Schilderung, die uns Alfred Russell Wallace von seinen Reisen im Malaiischen Archipel hinterließ. Er berichtet von den Beschwerden und Gefahren, mit denen sich noch vor rund hundert Jahren mutige Forscher auseinandersetzten, die im Interesse der Wissenschaft in ferne Länder vordrangen. Er malt ein anschauliches Bild von der Farbenpracht und Vielfalt des Insellebens.

Als Wallace auf Batchian einen bis dahin unbekannten Schmetterling in seinem Netz hatte, ihn herausnahm und seine Flügel auseinanderdrückte, war er von der unerwarteten Pracht so überrascht, daß sein Puls schneller zu schlagen begann, sein Blut zum Kopf drängte und er für den Rest des Tages unter Kopfschmerzen litt.

Nach solchen Erlebnissen kann man das Tierleben der Tropen natürlich viel eindringlicher schildern, als wenn man es nur aus Beschreibungen anderer, dem Zoo oder dem Museum kennt. Deshalb wurde das hier auch gar nicht versucht.

Aber die Tierwelt auf Inseln ist ja nicht nur schön und exotisch, vielmehr lehrt sie uns auch einiges über das Werden der Organismen. Das erkannten schon Darwin und Wallace, und es ist der wesentliche Grund dafür, daß sich heute immer mehr Biologen mit dem Leben von Inseltieren befassen.

Der Autor hofft, seine Leser davon überzeugt zu haben, daß diese Seite des Insellebens mindestens genauso interessant ist wie dessen Vielfalt und Fremdartigkeit.

»akzent«-Reihe (1974–1989)

1. Brosin, Vorstoß ins Ungewisse
2. Kobrinski, Achtung – Roboter!
3. Kirchberg, Oldtimer – Autos von einst
4. Lindner, Der Sternhimmel
5. Dorschner, Sind wir allein im Weltall?
6. Rast, Aus dem Tagebuch der Erde
7. Lindner, Kraftquell Kernenergie
8. Raths, Tiere im Winterschlaf
9. Lehmann, Mathe mit Pfiff
10. Peters, Mensch und Tierwelt
11. Brentjes, Die Erfindung des Haustieres
12. Mothes, Tiere am Fließband
13. Eyermann, Sojus – Apollo 1975
14. Thomas/Thomas, Milliarden Jahre Leben
15. Schönknecht, Schneller – aber wie?
16. Freytag, Vom Wasser- zum Landleben
17. Raubach, Rätsel um das Molekül
18. Rudolph, Olympische Spiele in der Antike
19. Krause, Gehirn contra Computer?
20. Friedemann, Leben wir unter kosmischen Einflüssen?
21. Mohrig, Wieviel Menschen trägt die Erde?
22. Günther, Gebaute Umwelt
23. Kéki, 5 000 Jahre Schrift
24. Krumbiegel, Tiere und Pflanzen der Vorzeit
25. Windelband, Woher der Mensch kam
26. Winde/Knoll, Schlagadern des Seeverkehrs
27. Dorschner, Planeten – Geschwister der Erde?

28. Becher, Ist das Eigentum ewig?
29. Kurze, Leichter als Luft
30. Ritzhaupt u. a., Nahrung aus dem Meer
31. Kehnscherper, Auf der Suche nach Atlantis
32. Gränz/Kirchberg, Klassiker auf vier Rädern
33. Lange, Die Farben der Tiere
34. Wille, Sibirien – Erschließung eines Kontinents
35. Zimmermann, Nur eine Münze ...
36. Kolb, Lebensvorgänge unter der Lupe
37. Rührdanz, Bagdad – Hauptstadt der Kalifen
38. Lewantowski, Raumtransporter
39. Szécsényi-Nagy, Jenseits der Milchstraße
40. Odening, Parasiten – Geißel der Menschheit
41. Brentjes, Vom Stamm zum Staat
42. Conrad, Vom Jakobsstab zur Satellitennavigation
43. Wassilewski, Vulkane – Feuer des Pluto
44. Petrik, Kurioses aus der Technik
45. Knoll/Winde, Windjammer
46. Mohrig, Wie kam der Mensch zur Familie?
47. Brentjes, Rätsel aus dem Altertum
48. Rehbein, Oldtimer auf Schienen
49. Marquart, Raumstationen
50. Herrmann, Besiedelt die Menschheit das Weltall?
51. Farkas, Veränderliche Tierwelt
52. Oppermann, Tarnovo – Zarenstadt des Balkan
53. Rook, Oldtimer der Flüsse und Meere
54. Günther, Straßen, Brücken, Türme
55. Mothes, Durch Sonnenenergie mehr Nahrung
56. Katona, Interessantes aus der Medizintechnik
57. Marcinek, Droht eine nächste Kaltzeit?
58. Nichelmann, Licht und Leben
59. Lányi, Erstaunliches über Tiere
60. Brentjes, Libyens Weg durch die Jahrtausende
61. Scheikov, Leben und Symmetrie
62. Mletzko/Mletzko, Die Uhr des Lebens
63. Brentjes, Bauern, Mullas, Schahinschahs
64. Müller/Pötsch, Vom Königspurpur zum Jeansblau

65. Conrad, Kommunikation 2000
66. Naumann, Wo steckt noch Energie?
67. Farkas, Wandernde Tierwelt
68. Vahlen, Weltwunder der Antike
69. Scharff, Der Garten im Wandel der Zeiten
70. Mohrig, Böse wie Tiere?
71. Oppermann, Plovdiv – antike Dreihügelstadt
72. Göttner/Seydewitz, Roboter heute und morgen
73. Lange, Gestaltwandel im Tierleben
74. Illini/Bernstein, Elektronik im Alltag
75. Hohl, Wandernde Kontinente
76. Müller, Vom Ringwall zur Festung
77. Rehbein, Klassiker des Schienenstranges
78. Kokoschko, Mittelasien gestern, heute, morgen
79. Conrad, Chips – Sensoren – Computer
80. Stoof, Das hunderttorige Theben
81. Rook, Riesen der Ozeane
82. Bürger, Geschützte heimische Tiere
83. Hahn, Sonnentage – Mondjahre
84. Lange, Inseltiere
85. Hamel, Astrologie – Tochter der Astronomie?
86. Tietze, Megalopolis
87. Völz, Computer und Kunst
88. Dörfler/Dörfler, Zwischen Flucht und Anpassung

Als Erstauflage 1989

Ernst Dörfler / Marianne Dörfler

Zwischen Flucht und Anpassung.

Tiere neben Menschen

128 Seiten. Mit 50 Abbildungen.

Urania-Verlag. akzent 88

Seit es den Menschen gibt, teilt er seine Umwelt mit wildlebenden Tieren. Die Jäger der frühesten Menschheitsepoche lebten mit Wildtieren gemeinsam in ein und demselben Wald. Als der Mensch seßhaft wurde, traten allmählich andere Tierarten in den Alltag unserer Vorfahren. Auf und unter dem Dach siedelten sich die unterschiedlichsten wildlebenden Tierarten an, erwünschte wie auch unerwünschte. So überschritt die Hausmaus die Türschwelle und richtete es sich in den vier Wänden des Menschen häuslich ein. Eine Reihe von Insektenarten, allen voran die Stubenfliege, gehört ebenfalls zu den sehr alten Kulturfolgern. Mit dem Heranwachsen der Großstädte entstanden völlig neuartige Umweltbedingungen. Angepaßte Tierarten kommen hier in erstaunlich hoher Anzahl und Dichte vor.
Was hat die Tiere dazu veranlaßt, die Nähe des Menschen aufzusuchen? Welche Tierarten haben es geschafft, im Zuge der Zivilisation alle Erdteile zu besiedeln und zu Kosmopoliten zu werden? Welche Tierarten würden bei uns aussterben, wenn es den Menschen und seine Kultur nicht gäbe?

Als Nachauflage 1989

Günther E. Freytag

Vom Wasser- zum Landleben.

128 Seiten. Mit 57 Abbildungen. 3., überarbeitete Auflage

Urania-Verlag. akzent 16

Jahrhunderte hindurch wurde die Frage nach dem Werden der Lebewesen in unserer irdischen Welt durch Schöpfungsmythen beantwortet, ihre Gruppierung in Würmer, Schmetterlinge, Fische, Vögel und dergleichen rein gefühlsmäßig vorgenommen. Beide Verfahren bewegen sich fern jeder Wissenschaft. Doch wenn man heute einer begründeten Gruppierung der Organismen nach verwandtschaftlichen Zusammenhängen nahekommt und seit Anfang unseres Jahrhunderts auch den Wandel des Erbgefüges in seinen Grundlagen versteht, so bleibt dennoch eine Fülle von Aufgaben für die naturwissenschaftlichen Forschungszweige vordringlich, die sich um die Aufklärung gegenseitiger körperbaulicher und funktioneller Zusammenhänge mühen. Solche Wandlungen haben den Organismen Wege zur Eroberung des Salz- und Süßwassers, des Festlandes und des erdnahem Luftraumes eröffnet. Die grundlegenden Lebensfunktionen blieben dabei stets nahezu unverändert. Der Wechsel von Leben im Wasser zu einem Dasein auf dem Festland und im Grenzbereich zwischen diesen beiden Lebensräumen soll unsere Aufmerksamkeit hier in Anspruch nehmen.

Als Erstauflage 1989

István Hahn

Sonnentage – Mondjahre.

Über Kalendersysteme und Zeitrechnung

Aus dem Ungarischen übertragen von Johann Arndt.

128 Seiten. Mit 46 Abbildungen.

Urania-Verlag. akzent 83

Wann beginnt ein »Tag«? War Horaz, wenn er uns berichtet, er treffe in der fünften Stunde die Vorbereitungen für seine Arbeit, ein Frühaufsteher? Weit gefehlt, denn in Rom nahm die erste Stunde mit Sonnenaufgang ihren Lauf; der Dichter blieb also bis etwa zehn Uhr müßig! – Zeitrechnungen und Kalendersysteme sind beredte Zeugen der Geschichte der Völker. Mythos und Religion, Naturbeobachtungen und astronomische Berechnungen ließen die Menschen den Fluß der Zeit für ihr tägliches Leben in überschaubare Abschnitte teilen.

Als Nachauflage 1989

Klaus Lindner

Der Sternhimmel.

128 Seiten. Mit 58 Abbildungen. 4. Aufl.

Urania-Verlag. akzent 4

Das entfernteste Objekt, das von der Erde aus ohne Fernrohr gesehen werden kann, ist der 2 300 000 Lichtjahre entfernte Andromedanebel. Mit optischen oder anderen Beobachtungshilfsmitteln lassen sich noch viel größere Bereiche des Weltraums überblicken ... Im Gegensatz zu vielen anderen populären Darstellungen lädt unser Buch Sie zunächst zu einem Blick auf das ganze Weltall ein, bevor es an unseren Planeten Erde heranführt, um die »kosmische Heimat« des Menschen in größere Dimensionen einzuordnen. Anleitung zum Beobachten des Sternhimmels, die Beschreibung wichtiger Sternbilder sowie Hinweise auf Besonderheiten einzelner Himmelsregionen versprechen dem Hobby-Astronomen (und solchen, die es werden wollen) interessante und vergnügliche Beschäftigung.